FAMOUS MEN OF THE MIDDLE AGES

中世纪名人传

[美] 约翰·哈伦 艾迪生·波伦◎著

卢东民◎译

国际文化出版公司
·北京·

图书在版编目（CIP）数据

中世纪名人传 /（美）哈伦，（美）波伦著；卢东民译 . —北京：
国际文化出版公司，2016.4
（美国小学生读的名人传）
ISBN 978-7-5125-0831-6

Ⅰ．①中… Ⅱ．①哈… ②波… ③卢… Ⅲ．①历史人物—列传—世
界—中世纪 Ⅳ．① K812.32

中国版本图书馆 CIP 数据核字（2016）第 013705 号

中世纪名人传

作　　者	[美] 约翰·哈伦　艾迪生·波伦
译　　者	卢东民
责任编辑	潘建农
统筹监制	葛宏峰　张　坤
策划编辑	闫翠翠　周书霞
美术编辑	秦　宇
出版发行	国际文化出版公司
经　　销	国文润华文化传媒（北京）有限责任公司
印　　刷	三河市同力彩印有限公司
开　　本	880 毫米 ×1230 毫米　　　32 开
	6.5 印张　　　　　　　　132 千字
版　　次	2016 年 4 月第 1 版
	2018 年 12 月第 2 次印刷
书　　号	ISBN 978-7-5125-0831-6
定　　价	25.00 元

国际文化出版公司
北京朝阳区东土城路乙 9 号　　邮编：100013
总编室：（010）64271551　　传真：（010）64271578
销售热线：（010）64271187
传真：（010）64271187–800
E-mail: icpc@95777.sina.net
http://www.sinoread.com

前 言

◎ 约翰·哈伦

　　学习历史，就像研究一处景观一样，应该从最重要的特征开始。直到这些主要的特征固定在记忆里，那些次要的特征才能以正确的比例镶入适当的位置。

　　古今的名人们都是历史的山峰。学习历史从这些名人的传记开始，是很符合逻辑的。

　　不但符合逻辑，而且符合教学法。经验告诉我们，为了吸引并抓住孩子们的注意力，每一个呈现在他们面前的最重要的历史特征，都应该有一个独立的个体作为中心。如此，孩子们便能从提供的重要人物中自己做出辨别。孩子们在阅读这些传记的时候，不但要把罗慕路斯、赫拉克勒斯、恺撒，或是亚历山大大帝记在脑子里，而且还要把自己置于历史人物相同的境遇而感同身受。

　　杰出的教育者都认同这些真理，长久以来，他们认可传记作为历史学习之准备的价值，并且在他们的学习计划中给予了其重要的地位。

　　在过去的教学实践中，许多小学都把美国历史的细节作为历史教学的开端，而不教授前代的通史知识，这样就限制了学生们的视野，抑制了他们的同感力，从而让他们在学习历史的时候缺乏对比的材料。不但如此，它还阻断了学生们对希腊哲学家、罗马立法者、条顿自由热爱者知识的继承。因此，在《十人委员会报告》中有一种强烈的敦促——在《十五人委员会报告》中也同样被强调——那就是在美国的小学中，以传记的形式学习希腊、罗马以及近代欧洲的历史，应该优先于对美国历史细节的学习。十人委员会推荐八年制历史课程，从小学五年级开始，直到高中课程结束。头两年整体学习传记和神话。十五人委员会建议历史的学习要贯穿于小学的各个年级，而且强调传记在通史教育中的价值。

　　这套书属于历史故事系列，在编写时以十人委员会及十五人委员会的建议为基准，并与一流学校的最佳教学实践相符合。作者的目标在于让每一位名人的生平都生动有趣，在讲述这些故事的时候力图通俗简洁，让每一个低年级的学生都能愉快地阅读，并且让这套书使用起来如同教科书一样让学生们获益。

　　那些发现在本已拥挤不堪的课程安排中给神话与传记安排一席位置难以行得通的老师们，经常更喜欢阅读相关的历史，如此，这套书对他们而言便是非常值得期待的。

　　书中的插图具有非常高的价值。你将会发现，它们的数量和质量比此前的任何教科书都略胜一筹，因为它们大部分是从世界名画复制而来。

C目录
Contents

第一章　日耳曼众神

在《罗马名人传》这部书中，您已经读到罗马人创立的伟大帝国。现在，我们又来到了一个不同的时代，当时，罗马帝国已经分崩离析，生活在多瑙河和莱茵河北部的野蛮人部落占据了罗马帝国的部分领土。这些野蛮人有哥特人、汪达尔人、匈奴人、法兰克人和盎格鲁 - 撒克逊人。现代社会中最伟大的国家就源自他们。其中，除了匈奴人外，其余各部落都属于同一个种族，即大家都知道的日耳曼人。他们都好战、野蛮和残忍，讲同一种语言（虽然是以不同方言的方式），并崇拜着相同的神明。正如古希腊人和古罗马人一样，他们也是多神崇拜者。

沃登，又叫奥丁，是诸神中最为伟大的一个。他的名字意为"伟大的勇士"，他就是众神之王。他跨上八足神马斯雷普尼亚的时候，在空中驰骋的速度比雄鹰还要迅速。据日耳曼人讲，当暴风雨咆哮的时候，就是斯雷普尼亚鼻子在喷响。当他们的船只安全入港的时候，则是沃登呼出的气息扬起了它们的帆，使它们得以在碧海蓝天中驶过。

　　托尔是沃登的儿子，在众神中的位置仅次于沃登。他乘坐着由山羊牵引的双轮马车在空中穿梭。德意志人称呼他为多纳尔（Donar）和图纳尔（Thunar），这两个词与我们的英语单词雷（thunder）很相近。由此，我们可以看出，他就是雷神。他手握一把神奇的锤子，每当他将锤子扔出，它总会回到他的手中。锤头非常明亮，当其在空中划过的时候，就能发出闪电。当它撞击庞大的冰山的时候，它们就会动摇，裂成碎片，因此，托尔的锤子能产生出雷声。

托尔掷锤

　　我们祖先的另一位伟大的神明是提尔，也是沃登的儿子，是一位战神。他有一把宝剑，挥舞的时候，会像闪电一样发出耀眼的光芒。一位叫做阿提拉的野蛮人领袖打垮了罗马人的军队，使全世界都为之震惊，他因此被称为"上帝之鞭"。他的人民相信，他之所以能够获胜，是因为他拥有提尔的宝剑，一位牧民碰巧发现了天神将它遗落的地方。日耳曼人在走向战场的时候，则会向提尔祈祷。

　　弗丽嘉是沃登的妻子及众神之后。她掌管着夏日天空中闪闪发光的云彩，让它们把阵雨降落在草地、森林和高山上。

　　一周之中，有四天都是以这些神的名字命名的。周二意指提尔日；周三，沃登日；周四，托尔日；周五，弗丽嘉日。

弗丽嘉的儿子叫巴尔德尔，他是众神最为喜爱的人。只有邪恶之神洛基厌恶他。巴尔德尔的脸犹如阳光般明亮，他的头发就像抛了光的金子一样闪闪发光。无论他走到何处，那里的夜晚都会变成白昼。

一天早上，当他从父亲沃登的宫殿朝凡间眺望的时候，虽然乌云遮蔽了天空，但他仍然看见一道壮丽的彩虹从云中延伸到了凡间。巴尔德尔就从众神的家园沿着这道彩虹来到了人类居住的地方。那道彩虹就是众神过去常常得以到达凡间的一座桥梁。

巴尔德尔从彩虹桥踏入凡间的时候，见到一位国王的女儿，她非常美丽，他也因此爱上了她。

但是，有一位凡间的王子也爱上了她。两人为了争夺她的芳心而发生决斗。巴尔德尔是一位神明，所以要比王子强大很多。但是，巴尔德尔的一些拥有神奇力量的食物被给予了这位王子，这使王子变得像巴尔德尔一样强壮。

弗丽嘉听说此事后，害怕巴尔德尔会被杀害。因为，巴尔德尔曾做过一个噩梦，梦中遭人暗算。他的母亲怕这个噩梦会成为他命运的预言。她于是走向在陆地上生活的每一只野兽，在天空中飞翔的每一只鸟儿，在树林中生长的每一棵树木和在田野里生长的每一株植物，逐一做出承诺，不要伤害巴尔德尔。

但是，她却忘记了槲寄生。因此，总是会想方设法搞怪的洛基就用槲寄生做了一枚箭，把它交给了王子，王子就是用这支箭将巴尔德尔射杀了。

接着，众神都为之哭泣，夏日的微风为之哀号，树叶从悲伤的树上掉了下来，花儿失去了光泽，悲痛而死，人世间变得又硬又冷。那头叫布鲁因的熊，以及它的邻居刺猬和小松鼠们都爬进了洞穴，在好多个星期都拒绝进食。

一切生物在巴尔德尔健在时都很快乐，像是阳光带来了幸福。所有生物在听到他死讯后都很悲痛，像是冬天来临时北方国家的阴暗。

瓦尔基里们是美丽的女武神。她们不仅拥有沃登自己的一些力量，还都用头盔、盾牌和长矛武装了起来。像沃登一样，她们以人们看不见的方式在空中骑马驰骋，她们的马匹几乎像斯雷普尼亚一样跑得飞快。它们快速地将沃登特别喜欢的武士带到瓦尔哈拉——英灵殿（在尘世阵亡的英雄的住所）。瓦尔哈拉的墙上挂着盾牌，天花板上抛了光的矛头闪着亮光。它有 540 扇大门，每一扇都宽到足以允许 800 人肩并肩地通过，武士们每天早上都要奔赴此处打上一仗，战斗将持续至夜幕降临，每天拂晓时，又会重新开始。当英雄们返回瓦尔哈拉的时候，瓦尔基里们就会用高脚杯盛着蜂蜜酒来招待他们，连沃登本人都喝这种酒。

日耳曼人相信，在神明或世界出现之

在瓦尔哈拉神殿中享有英雄称号的瓦尔基里之一

前，就存在着现如今这个巨大的空洞空间。它有个奇异的名字——金恩加格，意为一处裂开豁口的深渊。

在金恩加格北部，天气寒冷刺骨。那里除了冰山雪原之外，别无他物。在它的南部，则是一片从没有霜冻和降雪的地区，那里总是阳光明媚，是光和热的故乡。南部来的阳光融化了北部的冰山，它们倒塌后，掉进金恩加格。在那里，它们变成了一个霜冻巨人，名叫伊米尔。他有三个儿子，父子四人都很强壮，连众神也害怕他们。

因此，沃登和他的兄弟杀掉了伊米尔，将他的遗体分割成许多块，用它们创造了这个世界。他的骨头和牙齿成了山脉和岩石；他的头发变成了树木和植物的叶子；头颅变成了天空。

但是，由于伊米尔比冰块还要冷，用他的遗体创造的地球也就非常寒冷，任何东西都无法在上面生存或生长。为此，众神从光的故乡带去了火花，把它们放置在天上。其中，两个大的火花成了太阳和月亮，小的都成了星星。接着，地球变暖了。树木成长起来，花儿也开放了，就这样，世界变成了人类美丽的家园。

在这些树木里面，最为壮观的是一棵巨大的灰树，有时也被叫作"世界树"。它的枝干覆盖着地球，越过天空，几乎要接触到星星了。它的根向着三个方向生长，即天国、霜冻巨人的家园和阴间。

在黑暗的阴间靠近根部的地方坐着诺恩们，或者说三个司命运的女神。她们每人都拿着一个碗，用来从圣泉中舀水浇灌灰树的根部。这就是为什么这棵巨树总是会生长和它可以长得像天空一样高的原因。

在沃登杀死伊米尔的时候，他也试图杀死伊米尔所有的孩子，但有一个却逃跑了，从此以后，他和他的家人霜冻巨人们就开始想方设法地捣鬼，同众神和人类战斗。

根据日耳曼人的信仰，这些邪恶的巨人总有一天会捣毁这个美丽的世界。即使众神自身，也会在同他们的一场可怕的战斗中被杀掉。首先，会出现三个没有任何春天或夏天气息的冬天。太阳和月亮将会停止发光，明亮的星星将从天空中掉下来。随着一次剧烈地震的爆发，地球将会被动摇，海浪将会咆哮起来，最高的山脉会摇晃着倒塌。树木会被连根拔起，就连"世界树"也会全身发抖。最终，抖动的地球将会沉降到海水下面去。

接着，邪恶之神洛基就会挣脱众神将他束缚起来的脚镣。霜冻巨人们将会同他联合起来。他们试图对众神发起一次秘密的攻击。但是，海姆达尔，也就是天国的守护神将会在彩虹桥的末端进行守备。他只需要一只鸟一样多的睡眠，无论在白天还是在夜晚，都能够看100英里远。报警时，他只能吹响号角，发出的声音，无论是在天国、凡间还是在阴间都可以听到。洛基和他的军队也会被他看到。他响亮的警报声将会传播开来，把众神集合在一起。他们会奔跑着迎击巨人们。沃登会挥舞着他的长矛，提尔挥舞着他闪闪发光的宝剑，托尔挥舞着他可怕的锤子。但是，这些都是徒劳的。众神必须死去。巨人们和洛基也会落得同样的下场。

　　然后，一个新的地球会从海面升起。地球上生长的森林的叶子永远都不会掉下来，田野里不播种也会获得丰收。在一座比沃登的瓦尔哈拉还要明亮的大殿内，勇敢和善良的人将会永远地聚集在一起。

第二章　尼伯龙根之歌

一

西欧人逐渐相信只有一位上帝并皈依基督教的时代到来后，关于日耳曼诸神、瓦尔基里、巨人和半神半人英雄的古老故事仍未被人们所遗忘。

这些故事，从父辈到子辈已经被好几代人重复讲述，在 12 世纪的时候，一位我们连名字都不知道的诗人在诗句中提到了他们。他称他的诗为尼伯龙根之歌。它是德意志人伟大的民族诗篇。在诗中讲述的传奇成了瓦格纳歌剧的基础。

"尼伯龙根人"用于称呼那些生活在北方的小矮人，他们的国王曾经拥有过一大笔黄金和宝石，但却失去了它们。任何获得这笔财富的人都会被一个魔咒跟随。尼伯龙根之歌讲述了拥有这笔财富的人的冒险故事。

二

在位于勃艮第的古老城市沃尔姆斯，很久以前，有一位名叫克里姆希尔特的公主。她年长的哥哥巩特尔是勃艮第的国王。

在遥远的尼德兰，莱茵河入海的地方，住着一位名叫齐格弗里德的王子，他是国王西格蒙德的儿子。

不久，齐格弗里德王子就听说，克里姆希尔特长得非常美丽。他对他的父亲说："请给我12位骑士，我将骑马去巩特尔国王的王国。我必须要赢得克里姆希尔特的芳心。"

经过7天的长途跋涉，王子和他的伙伴逐渐靠近了沃尔姆斯城的大门。所有的人都对这些陌生人是谁、他们来自哪里感到好奇。克里姆希尔特的叔叔哈根猜得很对。他说："我从没有看到过尼德兰著名的英雄，然而，我确信，那位骑士并非他人，而是齐格弗里德王子。"

"齐格弗里德？"好奇的人们问道，"是谁呀？"

"齐格弗里德，"哈根爵士回答，"是一位真正了不起的骑士。有一次，他独自一人骑马来到一座大山边上，那里存放着尼伯龙根国王的财富。国王的两个儿子将财富从埋藏的山洞里取出，将其私分了。但是，他们对分割的方式不很满意。因此，当齐格弗里德走近的时候，两位王子对他说：'齐格弗里德王子，请为我们分割我们父亲的财富。'那些珠宝非常多，100辆四轮马车都不一定运得了，至于赤金，比珠宝还要多。齐格弗里德尽其所能地做出了最为公平的分割，作为奖励，两位王子把他们父亲的宝剑巴尔蒙克赠给了他。但是，齐格弗里德虽然已经竭尽全力地做出了令他们满意的分割，他们不久还是陷入了争吵和打斗之中，当他试图将两人分开时，他们转而向他发起了攻击。为了自保，他将两人杀死了。一位名叫阿尔贝利希、很久以来就充当着尼伯龙根宝库守卫的山地小矮人冲过去为他的主人报仇。但是齐格弗里德打败了他，还从他那里带走了他暗黑色的帽子，这顶帽子可以使戴上它的人隐身，并赐给他12个人的力气。这位英雄于是命令阿尔贝利希将财富重新放回山洞，还要承担起守护的责任。"

哈根接着讲述了另一个齐格弗里德的故事：

"有一次，他杀掉了一条凶猛的恶龙，用它的鲜血给自己洗了个澡，这使得英雄的皮肤长出了角质，连刀剑或者长矛都无法伤害到他。"

当哈根讲完这些传说的时候，他建议巩特尔国王和勃艮第王国的人们以最为隆重的方式接待齐格弗里德。

于是，作为那个时代的风尚，人们在王宫的庭院里举行了向齐格弗里德表示敬意的活动，克里姆希尔特则通过她的窗户观看了活动。

齐格弗里德杀死恶龙

虽然，齐格弗里德在巩特尔国王的宫廷待了足足一年，但是，他始终没有讲述他为什么来，也没有再次见到过克里姆希尔特。

在年终的时候，突然传来消息，说撒克逊人和丹麦人又开始习惯性地掠夺勃艮第的领土。齐格弗里德率领1000名勃艮第骑士，征服了撒克逊人和丹麦人，使丹麦国王成了俘虏，撒克逊国王被迫投降。

大获全胜的武士返回了沃尔姆斯，空气中弥漫着欢迎的高呼声。巩特尔国王请求克里姆希尔特去迎接齐格弗里德，以勃艮第的名义向他表示诚挚的感谢。

齐格弗里德站在她面前的时候，她说："欢迎您，齐格弗里德王子，欢迎您凯旋。我们所有人都非常感谢您。"他向她俯身行礼，她则亲吻了他。

三

在与阳光明媚的勃艮第隔海相望的地方，居住着冰岛女王布伦希尔德。她容貌美丽，力大无比。如果哪位骑士想向她求婚，赢得她的芳心，他就必须在跳跃、投掷长矛和扔石块三项比赛中胜过她。如果在任何一项中失败，就会因此而丧命。

巩特尔国王决心与这位奇异的公主结婚，齐格弗里德答应帮助他。"但是，"齐格弗里德说，"如果事情成功，我必须娶您的妹妹克里姆希尔特为妻。"巩特尔同意了他的条件，便和他坐船向冰岛驶去。

当巩特尔和他的伙伴靠近布伦希尔德王宫的时候，宫门打开了，这些陌生人受到了欢迎。

齐格弗里德对女王的友好表示感谢，他告诉女王，巩特尔不远千里而来，就是为了赢得她的芳心。

"如果他能在三项比赛中胜过我，"她说，"我将会成为他的妻子。如若不然，他和您以及他的随从都会因此而丧命。"

布伦希尔德为比赛做好了准备。她的盾牌非常厚重，需要4个强壮的男子才能抬起来，3个人一起才勉强抬动她的长矛，她要扔出的石头需要12个人才能举起来。

齐格弗里德现在会用一种极好的方式帮助巩特尔。他戴上了他暗黑色的帽子，这样就不会有人看到他了。接着他就站到了巩特尔身边参与战斗。布伦希尔德将她的长矛掷向国王明晃晃的盾牌，矛盾相碰，火星四溅。但是，那位看不见的骑士承受住了布伦希尔德的打击，她因此承认输了这一局。

在接下来的第二和第三局比赛中，她的表现也没好到哪里去，因此，她不得不成为巩特尔国王的新娘。但是，她却说，在离开冰岛之前，她必须将此事告知她所有的亲属。日复一日，她的亲人都骑马赶至城堡，不久，一支军队就集合了起来。

接着，巩特尔和他的朋友害怕起了不公平的比赛。为此，齐格弗里德戴上他暗黑色的帽子，跨入一条小船，去了尼伯龙根的领地，阿尔贝利希正在那里守卫着尼伯龙根宝藏。

"给我带 1000 名尼伯龙根骑士来。"他冲那个小矮人喊道。听到小矮人的召唤，武士们都聚集在了齐格弗里德身边。然后，他们同他一起乘船驶向了布伦希尔德所在的岛屿。由于害怕这些武士，女王和她的亲属用欢迎取代了与之战斗。他们到达后不久，巩特尔国王和他的随从，齐格弗里德和他的尼伯龙根骑士，女王布伦希尔德率领着她的 2000 名亲属，起航去了国王巩特尔的国家。

他们一到沃尔姆斯，巩特尔和布伦希尔德就举行了婚礼。齐格弗里德和克里姆希尔特也结了婚，婚后，他们去了齐格弗里德在尼德兰的城堡。他们在那里幸福地生活了好多年，详情恕我无法一一讲述。

四

现在，就得讲尼伯龙根传说悲惨的一面了。

布伦希尔德和巩特尔邀请齐格弗里德和克里姆希尔特到沃尔姆斯看望他们。看望期间，两位王后发生了争吵，布伦希尔德让巩特尔生了齐格弗里德的气。哈根也开始厌恶齐格弗里德，希望能将他除掉。

但是，齐格弗里德是别人伤害不了的，他全身只有一处致命的地方，那个地方在他用龙血沐浴的时候，落上了一片树叶，没有被龙血覆盖住。只有克里姆希尔特知道这个地方在哪。哈根告诉她，不久就要打上一仗，让她在齐格弗里德的衣服上缝一小块丝绸表明那个地方的所在，这样就可以助他在战斗中保护齐格弗里德了。

虽然什么仗都没打成，但是，有一天，齐格弗里德同巩特尔和哈根一起去打猎的时候，他们向他提出挑战，要求他与他们赛跑。齐格弗里德轻而易举地就取得了胜利，不过，跑过后，他感到又热又渴，便在一处泉眼边上跪下来喝了点水。接着，哈根抓住一根长矛，用力将它刺入了英雄的身体内。就这样，尼伯龙根人的宝藏给齐格弗里德带来了灭顶之灾。

巩特尔和哈根告诉克里姆希尔特，林中的强盗杀死了她的丈夫，但是，这却欺骗不了她。

克里姆希尔特决心向杀害了齐格弗里德的人报仇，因此，她就没有离开沃尔姆斯。在那里还有从尼伯龙根跟随齐格弗里德而来的 1000 名骑士。

齐格弗里德死后不久，克里姆希尔特恳求她的弟弟将尼伯龙根的宝藏从山洞里运到沃尔姆斯去。

当宝藏运到的时候，克里姆希尔特将黄金和珠宝分发给了勃艮第的富人和穷人，哈根害怕不久她就会赢得所有人的爱戴，策动他们来反对他。因此，有一天，

齐格弗里德的遗体被运往沃尔姆斯

他运走了宝藏，将它藏在了莱茵河里，希望有朝一日能够独自享用它。

由于哈根现在拥有了尼伯龙根宝藏，"尼伯龙根人"的名字就给了他和他的随从。

五

埃策尔，或者正如我们称之为阿提拉的，也就是匈奴人的国王，听说了克里姆希尔特的美貌，便派一位骑士去请求她来做他的妻子。

起初，她拒绝了他的请求。然而，当她记起埃策尔佩戴有提尔的宝剑的时候，就改变了主意，因为，如果她成了他的妻子，就可以说服他向巩特尔和哈根报仇。

因此，迎她为妻的事就办成了。

他们结婚后不久，埃策尔和克里姆希尔特就邀请巩特尔和所有他的廷臣到匈奴国过盛大的仲夏节。

哈根害怕去，因为，他坚信克里姆希尔特还没有原谅齐格弗里德被杀的事。然而，他们已经做出决定，邀请应该被接受，此外，还会有 1 万名骑士以保镖的身份跟随巩特尔同去。

不久，巩特尔和他的追随者就到达了阿提拉的宫廷，一场宴会也准备就绪。9000 名勃艮第人坐在一起用餐的时候，阿提拉的弟弟带着1000名全副武装的骑士走了进来。双方发生了一场争吵，战斗随之而来。

数千勃艮第人遭到了杀戮。打斗持续了好几天。最终，在所有勃艮第武士中，只有巩特尔和哈根还活着。接着，一位克里姆希尔特的朋友同时与这两个人打了起来，并战胜了他们。他将二人捆绑起来，送给了克里姆希尔特。

王后命令她的一位骑士将巩特尔的头给砍掉，她则亲自用齐格弗里德的宝剑巴尔蒙克砍掉了哈根的头。后来，哈根的一位女性朋友为了给他报仇，又亲自杀掉了克里姆希尔特。

所有进入匈奴国的尼伯龙根人中，只有一位返回了勃艮第。

第三章　西哥特人国王阿拉里克

一

在众所周知的中世纪时期开始前的很长一段时间，一个被称为哥特人的野蛮人部落就生活在多瑙河北部，即我们现在熟知的罗马尼亚境内。当时，此地还只是罗马大帝国的一个组成部分。该帝国在那时拥有两座都城，君士坦丁堡（君士坦丁的新城）和罗马。哥特人来自波罗的海沿岸，后来定居在罗马帝国的这片土地上，罗马人并没有驱赶他们。

在罗马皇帝瓦伦斯（生于公元 328 年，公元 364-378 年在位）统治期间，一些哥特人加入到反对他的阴谋中去。瓦伦斯因此而惩罚他们，方式就是渡过多瑙河，捣毁了他们的国家。最终，哥特人不得不乞求宽大处理。哥特人的

瓦伦斯与哥特人首领在多瑙河上相见

首领害怕踏足罗马帝国的领土，因此，他和瓦伦斯在多瑙河中的一艘小船上相见，达成了一项和平协议。

有很长一段时间，哥特人同另一支被叫做野蛮人的匈奴人部落处于交战状态。有时候，匈奴人会打败哥特人，将他们逐至他们山中的营地。有时候，哥特人会再次来到平原上，打败匈奴人。

最终，哥特人厌倦了这样永无休止的战斗，想着寻找一处新的落脚之地。他们的一些首领为此去拜见瓦伦斯皇帝，恳求允许他们居住在属于罗马的某些领土上。

使者们对皇帝说：

"如果您允许我们在多瑙河南部的土地上安家落户，我们就是罗马的朋友，在她需要帮助的时候，我们会为她而战。"

皇帝当即就同意了这一请求。他对哥特人的首领们说：

"罗马一直需要一些优秀的士兵。你们的人可以渡过多瑙河，居住在我们的土地上。只要你们保持对罗马的忠实，我们会保护你们，使你们免受敌人的侵害。"

这些哥特人就是人们所熟知的西哥特人。其他已经定居在俄国南部的哥特人部落则被叫作东哥特人。

获得瓦伦斯皇帝的准许之后，大批的西哥特人带着家人和牛群渡过多瑙河，定居在了今天的保加利亚境内。

斗转星移，他们终于变成了一个非常强大的民族，并在公元394年选举了他们首领中一位叫作阿拉里克的人作为他们的国王。他是一个勇气十足的人，同时也是一位了不起的战士。在孩童时代，他就对战争感兴趣了，16 岁的时候，他已经可以像那些老兵一样勇敢地进行战斗了。

在成为国王后不久，一天晚上，阿拉里克做了一个非常奇异的梦。他梦见自己驾驶着一辆镶金的敞篷双轮马车穿过罗马的街道，两侧则是高呼他为皇帝的人群。这个梦在他内心留下了深刻的印象。他总是会想起这个梦，最终，他开始打算将自己的梦想变成现实。

"成为罗马帝国的主人，"他对自己说，"这确实值得一试。我为什么不试它一试呢？率领我勇敢的战士，我能够征服罗马，我应该做下尝试。"

因此，阿拉里克将他手下的首领们召集在一起，告知他们他决心要做的事情。

首领们听到这个消息后，都高兴地叫了起来，因为，他们也赞成国王的提议。在那个时代，战斗几乎是首领们唯一的事业，他们乐于参加战斗，尤其是在他们希望获得丰厚的战利品的时候。当西哥特人的首领们听说要与罗马开战的时候，都很高兴。他们知道，如果他们获胜，就可以瓜分世界上最为富有城市的财富了。

不久，他们就召集了一支大军，在阿拉里克的统领下，穿过色雷斯（自爱琴海至多瑙河的巴尔干半岛东南部地区）和马其顿地区，并且很快就到达了雅典。当时，雅典城内没有大军驻守，就向阿拉里克投降了。哥特军队将雅典人的房屋和神殿洗劫一空后，又开始向位于希腊西南部的埃利斯城邦挺进。在这里，一位

名叫斯提里科（约公元359-
408年）的罗马名将将他们
包围在了他们的营地里。阿
拉里克竭尽全力地突破了罗
马人的包围圈，逃掉了。他
选择向伊庇鲁斯挺进。这是

阿拉里克在雅典

希腊的一个省，位于爱奥尼亚海东部。东罗马帝国的皇帝阿卡狄
奥斯（生于公元377年或378年，公元395-408年在位，首任东
罗马帝国皇帝）便任命阿拉里克做了这个地区和靠近这个地区的
一大片区域的总督。其全部领土被称作东伊利里库姆，构成了东
罗马帝国领土的一部分。

二

　　阿拉里克现在开始向西罗马帝国的首都罗马发起进攻了，西
罗马帝国的皇帝霍诺里乌斯（生于公元384年，公元395-423年
在位，首任西罗马帝国皇帝）闻听阿拉里克大军压境后，就奔逃
至意大利北部山区中的一处坚固的堡垒。他的大将斯提里科前来
救驾，在维罗纳打败了阿拉里克。但是，即便如此，霍诺里乌斯
还是非常惧怕阿拉里克，让他做了西罗马帝国被称作西伊利里库
姆这个地方的总督，每年还发给他不菲的薪金。

　　然而，霍诺里乌斯并没有完全遵守他对阿拉里克做出的承诺，致使阿拉里克于公元 408 年再次向罗马挺进，将其包围。懦弱的皇帝奔逃至拉文纳，留下他的将军与阿拉里克达成协议。双方同意，阿拉里克从罗马撤出，作为赔偿，西罗马帝国向其支付 5000磅的黄金和 30000 磅的白银。

霍诺里乌斯阅读了协议条款以后，拒绝在协议上签字。接着，阿拉里克要求这座城市向其投降。惶恐万分的居民知道此事后，不仅打开了他们的大门，甚至还同意由阿拉里克重新任命一位皇帝，以取代霍诺里乌斯。

然而，这位新任命的皇帝做得非常糟糕，致使阿拉里克认为最好还是让霍诺里乌斯复位。接着，刚刚享受优待的霍诺里乌斯便允许一位作为他盟友的野蛮人首领向阿拉里克发动进攻。挫败进攻后，阿拉里克立刻对罗马实施了第三次包围。罗马被占领了，阿拉里克的梦想也成了现实。在盛大的队伍中，他骑着马，走在军队的前列，穿过了这座著名都城的街道。

随后，哥特人就开始了入城后的破坏工作。他们成群结队地在城中穿梭，毁坏民宅和公共建筑，掠取他们发现的一切有价值的物品。阿拉里克下令，任何人不得损毁基督教教堂，但是这座伟大都城的其他金碧辉煌的建筑却被掠夺了它们拥有的任何美丽和值钱的物品，所有的黄金白银都被从国库中运走了。

在抢劫期间，阿拉里克给自己穿上了华丽的衣服，头戴一顶黄金制成的王冠端坐在皇帝的宝座上。

在阿拉里克坐在皇帝宝座上的时候，数千罗马人被迫向他下

跪，以被征服者和臣民的身份高喊他的名字。接着，剧场和环形
广场都打开了大门，罗马的运动员和角斗士被迫为征服者进行娱
乐性的表演。进行了六天的抢劫和娱乐之后，阿拉里克和他的军
队通过了城门，将罗马的财富悉数运走。

　　阿拉里克死于他去西西里的路上，这也是他想要征服的地方。
他感到自己很快就要死去，便命令他的人将他埋藏在布森托河河

阿拉里克于午夜被葬在布森托河河床内

床内，将他从罗马携带的最为宝贵的财富放入他的墓中。

　　这项命令得到了贯彻。大批的罗马奴隶被驱使着开挖一条渠
道，将布森托的河水引向此处。他们在河床上挖了一座墓，把阿
拉里克的遗体安放进去，再封闭上。然后，河水又被引回它的故
道。坟墓被覆盖后，水就将它淹没了，做了挖掘工作的奴隶则被
西哥特首领给处死了。

第四章　匈奴王阿提拉

一

匈奴是一个凶狠、好战的部落，他们不仅迫使哥特人重新寻找家园，还从亚洲进入东南欧，占领了多瑙河北岸的大片领土。

在 5 世纪前半叶，匈奴出现了一位著名的国王阿提拉。他成为国王的时候才 21 岁。但是，他虽然年轻，却非常勇敢，野心勃勃，立志成为一代伟大而强有力的国王。

离阿提拉宫殿不远的山脉中，有一个巨大的岩洞。在岩洞内，居住着一位被称为"岩石隐士"的奇人。没有人知道他的真实名字，或者他来自哪个国家。他年纪很大，满脸皱纹，头发和胡子又灰又长。

许多人都相信，他是位预言家，常常去找他咨询一些事情。在成为国王后不久，有一天，阿提拉去了岩洞，让这位隐士给他算算命。

"智者，"他说，"请为我看一下前程，告诉我我的人生道路会如何。"

隐士思考了一会儿，然后说："啊，吾王，我看见您成了一位著名的征服者，是许多国家的主人。我看见您从一个国家到另一个国家，击败了他们的军队，捣毁了他们的城池，直到人们称呼您'世界的恐惧'为止。您聚集起大量的财富，但是，在您娶了心爱的女人后，死神却把您给击倒了。"

随着一声恐怖的大喊，阿提拉逃离了岩洞。有段时间，他甚至想放弃成为一代伟人的想法。但是，他还很年轻，活力十足，不久，就仅仅记得隐士说他会成为一代伟大和著名的征服者了，并开始为战争做准备。他从各部落的子民中集合起他们中最优秀的人，把他们训练成一支大军中的优秀战士。

二

大约这个时候，国王的一位牧羊人在照看牛群的时候，注意到一头牛的脚在滴血。这位牧羊人在草地上循着血迹，最终发现一把露出地表的剑的利尖。他将武器挖出，带到王宫，将它献给了国王阿提拉。国王看后宣称，它就是战神提尔的宝剑。接着，他把宝剑放在身体一侧，说，他会一直把它配在身上。

"只要我用提尔的宝剑参加战斗，"他大喊，"我将战无不胜。"

军队准备完毕，他便率领他们开进了隶属于罗马帝国的那些国家。他在几场重要战役中打败了罗马军队，夺取了他们的许多城市。罗马帝国的皇帝狄奥多西（生于公元 347 年，公元 379-395 年在位，统一的罗马帝国的末代皇帝）被迫求和。阿提拉同意和谈，但不久他就发现狄奥多西意图谋害他。他非常震怒，便再次开战。他所到之处，城市都被洗劫一空，随后被付之一炬，最后，皇帝不得不给了他一大笔钱和多瑙河南部的部分领土才平息事端。

　　这虽然换来了和平，但却难以持久。几年后，阿提拉又率领一支 70 万人的军队出现了。带着这支大军，他由德意志进入高卢。只见他骑着一匹黑色的骏马，佩戴着提尔宝剑，向许多城镇发起进攻，将它们捣毁，毫不留情地屠杀当地居民。人们都非常惧怕他，称其为"上帝之鞭"和"世界的恐惧"。

三

　　阿提拉和他可怕的匈奴大军挺进到了高卢，直至奥尔良城才停下步伐。在这里，人们勇敢地抵抗着入侵者。他们关闭大门，

匈奴入侵

用他们可以用上的一切手段来保卫自己。在这个时代，所有占地面积较大的城镇都会用坚固的城墙环绕起来。几乎每个地方都持续不断地发生战争，还存在着大批的野蛮的部落和首领，他们靠抢劫四邻为生。因此，那些积储金钱和其他贵重财产的城镇和城堡，如果没有高大坚固城墙的防护，是很不安全的。

阿提拉试图拿下奥尔良城，但他对城墙发起进攻不久，就看到一支大军朝着这座城市开来。于是他快速地集中兵力，将军队开到香槟附近的平原上去，暂时驻扎在今天沙隆所在的地方。

阿提拉看到的是一支由罗马人和西哥特人组成的30万大军。军队的统帅分别是罗马将军埃提乌斯和西哥特国王西奥多里克（公元419-451年在位）。阿拉里克死后，西哥特人就定居在了高卢，他们的国王现在同意加入罗马军队反对他们的共同敌人——可怕的匈奴大军的战争。因此，一支由罗马人和西哥特人组成的大军开了过来，向驻扎在沙隆的匈奴人发起进攻。战斗打得异常激烈，双方都竭尽全力。最开始，匈奴人似乎就要获得胜利了。他们将罗马人和西哥特人从战场上赶了回去，连国王西奥多里克也战死了。

埃提乌斯担心自己就要被打败了，但是，就在这时，西奥多里克的

阿提拉和他可怕的匈奴大军

儿子托里斯蒙德（公元451-453年在位）再次对匈奴人发起了冲锋。父亲死后，托里斯蒙德开始统领西哥特的军队，当时，他率领他们继续参加战斗。他们都迫切地想为死去的国王复仇，打起仗来犹如猛狮，带着满腔愤怒横扫沙隆平原。不久，匈奴人开始全线溃败，阿提拉自己则逃回了营地。这是他出战以来首次遭遇失败。征服者托里斯蒙德在战场上被战士们用他的盾牌给抬了起来，他们都高呼他为西哥特国王。

回到营地后，阿提拉下令将他所有的贵重物品和四轮运货马车都集中在了一起。他宣称，如果罗马人来攻，一旦失利，他就点燃这些金银财宝，自己也将与之玉石俱焚。

"我宁愿死在这堆火焰中，"他大喊，"也绝不向敌人投降。"

但是，罗马人并没有打过来，几天后，他回到了自己的国家。

不久，他再次走上了战争的道路。这一次，他入侵了意大利。

托里斯蒙德被用盾牌抬起

他向阿奎莱亚城发起进攻，将其洗劫一空，极度惊慌的居民为了活命纷纷逃进山里，一些人躲进亚得里亚海上的小岛和湿地避难。在这里，他们创建了威尼斯。

罗马人和皇帝瓦伦提尼安（生于公元 419 年，公元 425-455 年在位）对可怕的阿提拉的靠近都非常警觉。他现在逼近了这座城市，可是，他们却没有足够强大的军队去阻止他了。如果不是罗马教皇利奥一世（生于公元 400 年前后，公元 440-461 年在位）去了阿提拉的营地，说服他不要进攻这座城市，罗马恐怕会再次被蹂躏。据说，这位野蛮人的国王对利奥庄重的外表和教士的长袍充满敬畏。又据说使徒彼得和保罗出现在阿提拉的营地，威胁他，如果进攻罗马，他们就会取他的性命。然而，在没有得到大批赎金的情况下，他是不会离开的。

圣·利奥将阿提拉阻止在罗马城门外

四

　　离开意大利不久，阿提拉突然暴毙了。在死的前一天，他娶了深爱着的美女为妻。

　　匈奴人以一种野蛮的方式悼念他们的国王。他们剃了光头，用刀在脸上割开口子，以便他们的血而不是泪能为他们伟大领袖的去世而流出来。他们用三口棺材——一口金制的、一口银制的和一口铁制的——将其遗体装殓起来，在夜间把他埋藏在山上一处秘密的地方。葬礼完毕，他们把参与挖掘坟墓的奴隶全部杀掉，正如西哥特人在埋葬阿拉里克后的做派一样。

　　阿提拉死后，我们就很少再听到有关匈奴人的事情了。

第五章　汪达尔国王盖萨里克

一

汪达尔人是另一个野蛮、凶暴的部落，他们来自波罗的海沿岸，在罗马帝国后期侵入了中南欧地区。

5 世纪的时候，他们中的一些人占领了西班牙南部的一个地区。盖萨里克是他们最为著名的国王之一，公元 427 年成为国王，当时才 21 岁。他的一条腿有点跛，看起来貌不惊人。

像大多数汪达尔人一样，他是个残忍、狡诈的人，但是在很多方面又拥有卓越的才能。少年时代，他就参加了战斗，作为一位领袖，他因勇敢和才能而闻名遐迩。

盖萨里克成为国王的时候，统治地中海海岸非洲北部行省的总督是一个叫做博尼费斯伯爵的罗马人。这位博尼费斯伯爵曾经是罗马的一位优秀、忠实的官员，但是曾在沙隆参与抗击阿提拉的将军埃提乌斯却策划了一场反对他的阴谋。阴谋发生的时候，罗马的皇帝是瓦伦提尼安三世。他那时年幼无知，还无法履行统

普拉西狄娅与她的儿子瓦伦提尼安

治者的职能，政府的各项事务都由他的母亲、摄政太后普拉西狄娅管理。

　　埃提乌斯建议普拉西狄娅解除博尼费斯的职务，把他从非洲召回。他说，伯爵是个卖国贼，他打算发动一场反对罗马的战争。与此同时，他还秘密给博尼费斯写信，告诉他，如果他回到罗马，太后就会将他处死。

　　博尼费斯相信了这种说法，拒绝返回罗马。他还给盖萨里克写了一封信，邀请他率军到非洲去。

　　盖萨里克收到博尼费斯的邀请后非常高兴。他早就想进攻罗马，从征服的富裕国家中夺取一些地方，现在就是一个绝好的机会。因此，他召集了一支勇敢的汪达尔人大军，然后乘船横穿直布罗陀海峡到达了非洲。

　　不久，他们就占领了他们在非洲海岸登陆的地方，接着又挺进到沿岸的其他地方，夺取了那里的城镇和城市。直到这个时候，博尼费斯才知道埃提乌斯的邪恶阴谋。他现在已经后悔邀请汪达尔人前来非洲了，并试图诱使他们返回西班牙，但是盖萨里克断然地拒绝了。

　　"在我成为非洲的主人之前，"他说，"我是不会回到西班牙的。"

　　"那么，"博尼费斯说，"我将会把你驱逐回去。"

　　不久，罗马人和汪达尔人之间就爆发了一场战斗，罗马人被打败了。不仅如此，他们还在其他几次战斗中打了败仗。最终，为了安全起见，他们被迫逃到了尚未为汪达尔人占领的两三个城镇去了。其中，有一座城镇就是希波。

在对其包围了十三个月后，盖萨里克夺取了这座城镇。接着，他放火烧掉了教堂和其他建筑，损毁了毗邻的那个国家。这就是汪达尔人每克一城就要做的事情，也因此，汪达尔一词渐渐就意为一个会无节制地破坏有价值财产的人。

一大批非洲当地人加入了盖萨里克的军队。他们长久以来一直受罗马人的虐待，见到他们被打败，都感到非常高兴。盖萨里克直到夺取了迦太基城，才停止了他的征服工作，并将这座城作为他在非洲建立的新王国的都城。

但是，他并不仅仅满足于征服土地。他还建造了重要的舰队，它们在地中海上航行，夺取过往的商船。很多年里，他对沿岸的城镇实施了大肆的掠夺，对地中海沿岸所有国家的人民来说，"盖萨里克"这个名字就足以造成恐慌。

二

一天，一艘罗马的船只带着皇后尤多西娅的信使来见盖萨里克。尤多西娅是瓦伦提尼安三世的遗孀。亲政几年后，瓦伦提尼安就被一位叫做马克西姆斯的罗马贵族给杀掉了，之后这个人立刻自立为皇帝。

当信使走进盖萨里克所在的房间时，说：

"伟大的国王，我给您带来了尤多西娅皇后的消息。她恳求您的帮助。她和她的两位美丽的女儿在罗马身处险境。她希望您能保护她们，免受马克西姆斯的伤害。她邀请您率领一支军队到罗马，夺取这座城市。她和她的朋友将会竭尽全力地帮助您。"

随着一声高兴的大喊，盖萨里克跳了起来，宣布：

"请告诉皇后，我接受她的邀请。我将会立刻动身，前往罗马。我会保护尤多西娅和她的朋友们。"

随后，盖萨里克召集了一支舰队和大军，横穿地中海到达台伯河河口。马克西姆斯皇帝听说汪达尔人正赶往罗马的时候，就准备着逃离这座城市，他还建议元老院这样做。人们对此非常愤怒，将他处死，并把他的尸体扔进了河里。

三天后，盖萨里克和他的军队就到了罗马的城门前。由于无人反对，他们径直入城，轻而易举地就夺取了罗马。这距离上次阿拉里克夺城和将城内所有贵重的物品悉数掠夺仅仅相隔四十五年。但是，那次洗劫以后，罗马已经再次变得繁荣富有起来，因此，就有大量的贵重物品可供盖萨里克和他的汪达尔人掳掠。他们花了十四天的时间从事洗劫活动，掠夺了神殿、公共建筑、民宅和皇帝的宫殿，用船运走了不计其数的黄金、白银、珠宝和家具，捣毁了几百件美丽、无价的艺术品。

汪达尔人的国王还处死了大批罗马公民，将很多人以奴隶的身份带走。他把尤多西娅和她的女儿一起带至迦太基城，其中一位女儿不久就嫁给了盖萨里克的长子匈奈里克。

汪达尔人在罗马

三

盖萨里克攻占罗马后几年，罗马帝国又出现了一位叫做马约里安（公元 457-461 年在位）的皇帝。他既是个优秀的统治者，又是个勇敢的人。由于汪达尔继续对意大利的城市和隶属于罗马的其他国家实施进攻和掠夺，马约里安决心要惩罚他们。因此，他集合起一支大军，建造了一支拥有 300 艘船只的舰队，负责将他的军队运往迦太基城。

然而，马约里安首先率领他的人马穿越了阿尔卑斯山，穿过了高卢，然后南下到达西班牙海港卡塔赫纳，他的舰队就驻扎在那里。他之所以走这条路线，是为了可以沿途招兵，壮大自己的队伍。在他率领军队乘船驶向迦太基城之前，他非常希望能够亲眼瞧瞧汪达尔人是什么样的，他们是否像人们普遍认为的那样强大。

为此，他染了头发，用其他方法将自己伪装起来，去了迦太基城，假装他是来自罗马帝国的一位信使或者使臣，是来和谈的。盖萨里克非常尊敬地接待了他，给予了热情的招待，只是不知道他就是皇帝马约里安。当然了，和平协议没有达成。皇帝离开迦太基城时，已经掌握了足够多的信息。

但是，盖萨里克并没有等到罗马舰队过来进攻他。当他知道这支舰队就停留在卡塔赫纳湾的时候，便亲自率领他的舰队到达那里，只用了一天的时间，就几乎烧毁或击沉了罗马所有的船只。

经过这件事，汪达尔人比以往任何时候更加令地中海和沿岸的国家感到恐怖了。每年，他们的船只都会沿着海岸从小亚细亚航行到西班牙，一路对沿途的城市发动进攻和掠夺，运走俘虏。

罗马人所有的努力都未能阻止这些破坏活动的发生。统治帝国东部的皇帝利奥（公元 457-474 年在位）在君士坦丁堡装备了一支大型舰队，试图镇压这些海盗。舰队有一千多艘船只，上面运载着 10 万名战士。远征的指挥权交给了皇帝的妻弟巴西利卡。

巴西利卡率领舰队到达非洲，在离迦太基城不远的地方上岸。

盖萨里克请求休战五日，考虑和谈条件，巴西利卡同意了。但是，狡诈的汪达尔国王并没有考虑和平问题，他来了个缓兵之计，为的就是争取时间，实施一项他已经制订好的可以捣毁罗马帝国舰队的计划。

一天夜晚，在休战期间，他让自己最勇敢的战士登上他最大的一艘船，然后悄无声息地航行，小心谨慎地插进罗马的船只中间，在他们后面牵引着装满易燃材料的大船。

他们把这些装有燃料的大船点燃，让它们漂向罗马的船队，罗马的船队不久就起火了。火焰迅速蔓延，没多久，罗马的舰队就损失了大部。巴西利卡尽可能救出更多的船只，然后带着它们返回了君士坦丁堡。

这是罗马人最后一次尝试着去征服汪达尔人。盖萨里克很长寿，在他477年去世的时候，他征服过的所有国家仍然保留在汪达尔人的版图内。

第六章 东哥特国王狄奥多里克

一

在俄罗斯南部定居的东哥特人最终将自己的势力范围向南和向西推进到了多瑙河河口。

他们不停地入侵隶属于罗马帝国的国家，好战的突袭方式令住在君士坦丁堡的东罗马帝国皇帝们心生畏惧。其中一位皇帝给了他们土地和金钱，以这种方式在短时间内阻止了他们的入侵。

东哥特国王中最为著名的是狄奥多里克大帝。他是东哥特国王狄奥德米尔的儿子。狄奥多里克 8 岁的时候，被送去君士坦丁堡，做了东罗马帝国皇帝利奥的人质。过去，当国王间达成协议的时候，按照惯例，一方要给另一方保证或者担保，这样他才会履行协议。通常情况下，所给保证就是某个或者一些重要的人，或是国王的儿子或是他的许多要人。以担保身份而被派遣的人被称作人质。狄奥多里克年少的时候，就是被当作人质送去君士坦丁堡的，为的是显示他父亲能贯彻同皇帝签订的一项协议的诚意。

在这里，这个年轻人受到了利奥的优待。他被细心地教育，还接受了所有的战争技能训练。

狄奥德米尔在公元 475 年去世，随后，狄奥多里克就返回了他的祖国，成为东哥特的国王。这个时候，他已经 18 岁了。他非常英俊、勇敢，人民都非常拥护他，因为在当时，身材高大、健壮而又勇敢的人总会受到每个人的喜欢。

二

在成为国王后的一些年里，狄奥多里克同其他的哥特国王和罗马帝国皇帝芝诺（出生于公元 425 年前后，公元 474-475 年与公元 476-491 年两度在位）不断地发生征战。他几乎百战百胜，最后，芝诺认为，与他交好才是上策。因此，他送给狄奥多里克一些富饶的土地，让他做了君士坦丁堡帝国卫队的指挥官。

但是，皇帝不久便厌倦了让东哥特国王待在他的宫廷里，想要摆脱他，便赞同狄奥多里克率军去意大利，将那个国家从奥多亚塞（公元 476-493 年在位，意大利蛮族国王）手中夺过来。狄奥多里克闻之非常高兴，立刻开始准备。

奥多亚塞当时是意大利的国王。在成为国王之前，他是西罗马帝国皇帝罗慕路斯·奥古斯都(公元 475 年 10 月 -476 年 9 月在位)手下的将领。这支军队的士兵对他们的薪水不满意，他们提高薪水的要求也未被满足。结果，他们将罗慕路斯·奥古斯都赶下皇帝的宝座，拥立奥多亚塞为帝。但是奥多亚塞却不愿意顶着皇帝的名号。他接受了意大利"执政官"的称呼，将这个国家治理得很好。

狄奥多里克开始向意大利进发，他率领的不只是一支大军，还有他国家所有的人民。他想要拿下意大利，成为它的国王，同所有的东哥特人一起定居在这里。和他一起出发的有25万人以及大量用马匹和四轮马车运送的物品。他还有一支6000人组成的骁勇善战的军队。

从黑海沿岸经由陆路抵达阿尔卑斯山脚下，再穿越阿尔卑斯山进入意大利是一条漫长而疲劳的旅程。在旅途中，到处都是竭力阻止他们的野蛮人部落，但是，狄奥多里克不仅打败了这些野蛮人，还抓了其中的一些人当作俘虏。他让这些俘虏，无论男女，都要帮助他们搬运行李和做其他工作。

长途跋涉耗时数月，然而，东哥特人最终抵达了阿尔卑斯山的山顶。接着，他们就能看到绵延在他们面前的美丽的意大利土地。他们都无比欣喜。他们大声叫喊，高兴地跳起舞来，狄奥多

蛮族入侵

里克呐喊道：

“这个国家将成为我们的家园。大家继续前进。它终将属于我们。”

然后，他们很快下山，不久便出现在意大利境内。奥多亚塞早已听说他们即将到来的消息，他准备好一支军队，打算将他们驱走。狄奥多里克也让他的勇士们做好迎战的准备。两军相遇，在阿奎莱亚附近打了大仗。奥多亚塞被打败。接着，他试图给狄奥多里克一大笔钱，请他离开意大利。

“我将会给您，”他说，“数千磅的黄金和白银，如果您答应回到您自己的国家。”

但是，狄奥多里克没有同意他的请求。他说，他拥有同等权力来做意大利的国王，他将会留下来，征服这个国家，并成为它的国王。不久，双方又在维罗纳打了一仗，奥多亚塞再次败北。

狄奥多里克在这次战斗中差点儿被杀死，只因为母亲的勇敢他才获救。她当时正在他的营地，一时间，她看到许多东哥特人从她儿子战斗的地方逃跑了，只留下他一个人孤立无援。这位母亲于是奔向前去，阻止了逃跑的人们。她让他们感觉到，抛弃首领对他们来说就是件可耻的事情，他们立刻返回了战场，同他们的国王并肩战斗，直至胜利。

维罗纳一役过后，奥多亚塞带着他的军队前往拉文纳，并在那里待了一段时间。狄奥多里克率领东哥特人穷追不舍，试图夺取那座城市，但是，由于拉文纳的城墙非常坚固，东哥特人没能攻克。虽然狄奥多里克无法夺取拉文纳，但是，他也没有闲着。他向这个国家的其他地方发起进攻，所到之处，势如破竹，并占领了这些地方。

　　不久，奥多亚塞召集了一支更加精锐的军队，想借此打败狄奥多里克。但是，他再次失败了。狄奥多里克在阿达河附近的大战中再次打败了他。此役之后，奥多亚塞又一次逃往拉文纳。狄奥多里克再次穷追不舍，包围了这座城市。这一次，他的军队将它围困起来，严禁任何食物运进去。最后，在城里的战士或人们在没有东西可吃的情况下，奥多亚塞被迫投降。

　　最终，两位国王达成了一项协议，双方共同统治意大利，每个人都拥有相同的权力。但是，几天后，狄奥多里克却在一次宴会上谋杀了奥多亚塞，使自己成了意大利的唯一统治者。他将意大利三分之一的国土分给了他的追随者。此后，东哥特人在意大利定居下来，同罗马人和西哥特人一起，像一个民族一样，受狄奥多里克统治。在统治了意大利三十二年之后，狄奥多里克以71岁高龄去世。

第七章　克洛维

一

当罗马帝国国力衰颓的时候，在莱茵河畔正居住着许多叫做法兰克人的日耳曼野蛮部落。法兰克人一词意思是自由，那些部落以自己叫法兰克人或者自由人为荣。

法兰克人占据着莱茵河东岸，这种情况大约持续了二百年。接着，许多部落渡过莱茵河，寻求新的家园。河西岸的地区当时叫作高卢。在这里，法兰克人确立了他们的统治地位，成为一个强大的民族。根据他们的名字，人们后来称呼这个国家为法国。

每个法兰克人部落都有自己的国王。所有这些国王中最伟大的一个是克洛德维希，或者克洛维，这也是我们对他的称呼。他在公元 481 年成了所在部落的首领，也就是在狄奥多里克成为东哥特国王六年之后。当时，克洛维刚满 16 岁。他虽然年轻，却在短时间内证明了他可以像年纪大的人一样将国家治理得很好。他既聪慧又勇敢。自孩提时代起，他似乎什么都没怕过。他父亲希尔德里克常常带着儿子参与同临近部落的战争，他为儿子的勇敢深感骄傲。这个年轻人还是个胆大和娴熟的骑士。他能驯服并骑上最为暴躁的烈马。

克洛维成为法兰克国王的时候，高卢的一大片领土仍然隶属于罗马。这部分领土当时由罗马将军西阿格里乌斯统辖。克洛维决心将罗马人赶出这个国家，他同军队的几位头领一起探讨了这件事。

"我的希望，"他说，"就是法兰克人应该拥有这片美丽国土的每一寸土地。我要把罗马人和他们的朋友赶走，使高卢成为法兰克人的帝国。"

二

此时，罗马人在高卢驻扎着一支大军。他们在苏瓦松附近，由西阿格里乌斯指挥。克洛维决心向这座城市发动进攻，便立刻率领军队前往苏瓦松。当他靠近这座城市的时候，便向西阿格里乌斯招降。西阿格里乌斯拒绝了，并要求与法兰克的指挥官会谈。克洛维同意与他会面，双方做出决定，将见面地点选在两军之间的一片空地上。当克洛维从军中走出的时候，跟随着一些凶猛的武士，西阿格里乌斯也走向前来。但是，他一看到法兰克的国王，便开始大笑起来，高声说：

"一介小儿！一个毛孩过来与我打仗！法兰克人让一个毛孩

率领他们同罗马人打仗。"

克洛维对这种羞辱性的言语非常生气，回击道：

"没错，这个毛孩将会征服你。"

接着，双方准备战斗。罗马人认为，他们会轻而易举地取得胜利，但是，他们错了。每当他们向法兰克人发起一次冲锋，都会被克洛维的勇士打败。这个年轻的国王身先士卒，作战勇敢，用剑击倒了许多罗马人。虽然他试图找到西阿格里乌斯，同他决斗，但是，这位罗马指挥官却消失得无影无踪。在战斗刚开始的时候，他就从战场上逃跑了，留下他的人进行殊死搏斗。

法兰克人大获全胜。在勇敢少年国王的领导下，他们将罗马人赶跑了，战斗结束的时候，他们占领了苏瓦松这座城市。克洛维随后征服了所有其他的法兰克人首领，使自己成为所有法兰克人的王。

三

克洛维成为国王后不久，听说有一位美丽又年轻的姑娘，她是勃艮第国王贡德波的侄女。他很想娶她为妻。她的名字叫克洛蒂尔德，是一位孤儿，因为她邪恶的叔叔杀死了她的父亲和母亲。克洛维派一位贵族去见贡德波，要求娶克洛蒂尔德为妻。起初，贡德波想拒绝这个请求，因为他害怕，这个女孩子一旦成为克洛维这样强而有力的人的妻子后，会让他惩罚自己，毕竟自己杀了她的父母。但是，他也害怕，一旦拒绝了克洛维的请求，可能会激怒他。最后，他还是允许她被送往法兰克国王的宫廷。克洛维见到她的时候，很是高兴，他们马上就结婚了。

克洛蒂尔德是位虔诚的基督教徒，她迫切希望她的丈夫，像大部分臣民一样，皈依基督教，成为上帝的信徒。但是，克洛维不愿意放弃自己的宗教信仰。尽管如此，克洛蒂尔德仍想方设法说服他成为一位基督教徒。

渡过莱茵河

婚后不久，克洛维同一个叫做阿勒曼尼人的部落打了一仗。这个部落从德意志境内渡过莱茵河，占领了高卢东部一些省份的部分领土。克洛维迅速召集他的武士，率领他们去迎击阿勒曼尼人。双方在一个叫托比亚克的地方打了起来，这个地方离现在的克隆市不远。在这次战斗中，法兰克人几乎就要被打败了，因为阿勒曼尼人非常凶猛、勇敢，是久经沙场的战士。当克洛维看见他的士兵屡次被击退，便心灰意冷起来，但是，就在这一刻，他想到了虔诚的妻子经常对他提到的全能的上帝。接着，他将双手高高举起，诚挚地向上帝祈祷。

"啊，克洛蒂尔德的上帝，"他喊道，"请在我需要帮助的时候帮帮我吧。如果您愿意让我获胜，我现在就信仰您。"

几乎与此同时，战争的进程开始朝着有利于法兰克人的方向转变。克洛维再次率领武士们向前冲，这一次，阿勒曼尼人却吓得四散奔逃。法兰克人获得大胜，他们就此认为，这是对他们国王祈祷的响应。

克洛维回到家的时候，没有忘记自己的承诺。他告诉克洛蒂尔德他是如何向上帝祈求帮助和祈祷如何应验的。他说，他现在准备成为一位基督教徒。克洛蒂尔德听到后，非常高兴，她积极安排，让丈夫在接下来的圣诞节在兰斯教堂接受洗礼。

克洛维受洗

与此同时，克洛维向臣民颁布公告，宣布他开始信仰基督，还下令，所有其他宗教神明的肖像和神殿都应该被捣毁。这项命令马上得到了贯彻执行，许多人以他为榜样，纷纷效仿。

　　克洛维是位非常诚挚和热烈的皈依者。一天，兰斯教堂的主教在给他讲授基督教教义的时候，描述了基督的死亡。随着主教的继续，克洛维变得越发兴奋，最后竟然从座位上跳起来，大喊道：

　　"如果我和我勇敢的法兰克人在场，我将会为他的罪过复仇。"

　　在圣诞节这天，一大群人集合在兰斯教堂，见证国王的洗礼过程。许多凶猛的武士也同时接受了洗礼。洗礼仪式非常盛大，由兰斯主教主持，克洛维被教皇授予"最崇信基督的国王"的封号。从此以后，该称号就由法兰西的国王继承下来。

　　像大部分那个粗鲁和野蛮时代的国王和首领一样，克洛维常常会做一些残忍和邪恶的事情。在兰斯被占领，他成为基督教徒之前，一些士兵从教堂里拿走了一只金质花瓶。主教请求克洛维归还它，克洛维让他等到战利品分割以后。士兵们在战争中夺取的所有贵重物品都要在全军内分割，每个人都可以根据军衔领取应得的份额。这些物品叫做战利品。

　　在后来分割战利品的时候，克洛维要求在正常份额之外，再将那个花瓶分给他，他想把它还给主教。但是，有一个士兵站出来表示反对，他说，国王不应该提出正常份额之外的要求，与此同时，还用他的

克洛维杀那个士兵的茬

斧头将花瓶砍碎了。克洛维非常生气，然而当时什么也没说。不久，就有一次对士兵武器的例行检查，看它们是否保养得很好，以备不时之需。克洛维亲自参与了检查活动，当他来到弄碎花瓶的那个士兵跟前时，开始对他武器的状况吹毛求疵，并用战斧将他砍死。

四

克洛维参与的下一场战争针对的是哥特人的一些部落，他们占据了位于卢瓦尔河南部的阿基坦。他击败了他们，并将阿基坦并入法兰克王国。

后来，克洛维又同高卢的其他民族开战并将他们打败。最终，从下莱茵河到比利牛斯山脉的所有地区都被迫承认他是他们的王。接着，他定居巴黎，把它定为王国的都城，并于公元 511 年在那里去世。

他所属的朝代或者王室家族就是历史上著名的墨洛温王朝。该王朝自从希尔德里克（公元 457 年或公元 458-481 年在位）的父亲，也就是克洛维的祖父墨洛维（生于公元 415 年后，公元 448-457 年在位）时便这么叫了。

第八章　查士丁尼大帝

一

在克洛维时代，居住在今天保加利亚境内的是哥特人。一天，一位生活在这个国家的年约 16 岁的贫穷牧羊少年离开他所在山区的家，前往君士坦丁堡——此地离他的家乡很远。虽然这个少年缺少盘缠，但是，他一心要到君士坦丁堡，即使徒步走完旅途，靠采集路边的野果充饥也在所不辞。他是一位机灵、聪明的少年，一直生活在一个小村子里，但是现在，却渴望走出去，到外面的世界寻找机会。

几年前，这个少年的舅舅贾斯汀已经去了君士坦丁堡，还加入了罗马军队。他非常勇敢、优秀，不久就成了帝国卫队的指挥官，担负起侍驾的职责。

这位贫穷的牧羊少年已经听说了他舅舅的成功事迹，这也是他为什么决心启程去君士坦丁堡这座大城市的原因。因此，他从山上走下来，满怀希望地在山谷中艰难跋涉，确信自己可以安全地到达目的地。这是一段充满困难和危险的旅程，耗费了他好几周的时间，因为他不得不穿越黑暗的森林、渡过河流、爬过高山，但最终还是在仲夏的一天下午，走进了君士坦丁堡的正门，他为自己能够到达自己的目的地而感到骄傲和高兴。

他毫不费力就找到了他的舅舅贾斯汀，因为君士坦丁堡里的每个人都知道皇帝卫队的指挥官。当少年出现在这位大人物的住处，并说出他是谁的时候，他的舅舅非常和蔼地接待了他。舅舅将他带到自己的家里，让他接受这座城市可以提供的最好的教育。

由于少年极具天赋，对知识无比渴求，他很快就成了一位优秀的学者。他成为一位身材高大、外表英俊的小伙子，生就一对乌黑的眼睛和满头的卷发，并且还因为学识，受到每个人的尊敬。

二

一天，甥舅二人迎来了一场巨变——皇帝死了。人们选择贾斯汀继任帝位。贾斯汀接受了查士丁一世（公元 518-527 年在位）的称号，年轻的学者、昔日穷困的牧羊少年现在也顺理成章地成了皇帝的外甥。

一些年以后，查士丁的贵族们建议他接纳这个已经取名为查士丁尼的年轻人协助他管理帝国的事务。查士丁同意了，他现在已经年迈，身体虚弱，无法亲自料理重要的事务。他因此召集起宫廷里的大贵族，当着他们的面，将一顶王冠戴在了他外甥的头

查士丁尼大帝与他的部属

上。如此一来，查士丁尼同舅舅一起成了共治皇帝。几个月后，他的舅舅就去世了，接着，查士丁尼被宣布为唯一的皇帝。这一年是公元 527 年。查士丁尼做了将近四十年的皇帝，统治期间推行了多项重要举措，以至于后来被称作查士丁尼大帝。

在他统治期间，发动了很多次战争，但他本人却没有统兵出战过。他没有行伍的经验，因为他的大部分时间都花费在了做研究上。然而，他非常幸运，麾下有两员干将指挥他的军队，其中，一位名叫贝利萨留（约公元 505-565 年），另一位叫纳尔西斯（公元 478-573 年，宦官出身）。

贝利萨留是有史以来最为伟大的战士之一。他为查士丁尼赢得了许多辉煌的胜利，征服了一些失去许多年的旧罗马行省。

这两位将军的胜利在很大程度上使查士丁尼的统治在历史上大放异彩。在他继承帝位很多年前，汪达尔人，正如之前读过的，征服了非洲北部，还以迦太基为都城建立起一个王国。查士丁尼时代，汪达尔的国王名叫盖利默（公元 530-534 年在位），他就生活在迦太基城。

查士丁尼决心与这位国王开战，为的是收复北非，使它重新成为帝国的一部分。因此，贝利萨留被派到了非洲，同行的还有一支 3.5 万人的军队和 5000 匹战马，这些人马由一支 600 艘船只组成的舰队负责运送。该舰队共花费三个月的时间才将他们由君士坦丁堡运至非洲。同样的航程，搁在今天，也就是几天的事情。但是，在贝利萨留生活的时代，那时还没有蒸汽船，也没有听说过以蒸汽为动力驱动的机械。那些大船都是帆船，没风便不能前行，只能依靠人力划动。

贝利萨留登陆非洲后，让每艘船上都留下 5 人，作为警戒，然后率领军队沿着海岸线挺进了几天，沿途居民纷纷以一种友好的方式接待了他们，因为他们已经厌倦了汪达尔人的统治，希望可以处在罗马人的统治下。

在离迦太基城大约 10 英里远的时候，他遇到了一支由盖利默的弟弟率领的大军。双方随即展开一场大战，汪达尔人惨败。

迦太基战役

盖利默的弟弟战死，随后赶到的国王率领另一支军队加入了战斗，结果也是战败，随后逃离了战场。贝利萨留继续朝着迦太基城前进，占领了这座城市。

不久，盖利默纠集起另一支军队，在离迦太基城 20 英里的地方同罗马人开战。但是，贝利萨留再次打败了他，汪达尔国王又逃跑了。这意味着汪达尔国王在非洲统治的终结。一段时间后，盖利默向贝利萨留投降，贝利萨留则将他带到了君士坦丁堡。查士丁尼赐给他一处宅邸，被征服的国王就这样和平地度过了余生。

征服汪达尔人之后，查士丁尼决心征服意大利，当时，这个国家被东哥特人所占据。一支大军被集合起来，这次由贝利萨留与纳尔西斯指挥，他们立即动身朝意大利进发。一到达意大利，他们径直向罗马进军，经过几次战斗，他们占领了这座城市。但是，几个月后，哥特国王维提格斯率领一支军队出现在了城门前面，他向贝利萨留与纳尔西斯挑衅，要求他们出来决一死战。

然而，罗马帝国的将军当时还没有准备好战斗，因此东哥特国王就将这座城市包围了起来，心想，他会迫使罗马帝国的军队投降。

但是，出乎意料的是，贝利萨留在令他的人准备战斗，一切准备就绪，他攻击了维提格斯，并将其打败。维提格斯

贝利萨留包围拉文纳

退到了拉文纳，贝利萨留又迅速尾随而至，向这座城市发动了猛烈的攻击，迫使它投降。东哥特的军队被俘，维提格斯被带到君士坦丁堡做了俘虏。

贝利萨留与纳尔西斯接着去了意大利北部，经过一场历时较长的战争，征服了那里的所有部落。这样，查士丁尼的权力在这个国家建立了起来，罗马城再次处于一位罗马帝国皇帝的统辖之下。

在骁勇善战的将军们为帝国赢得胜利的时候，查士丁尼本人则在都城忙于推行各种改善措施。他竖立起重要的公共建筑，不仅出于实用的目的，还为了对城市起到装饰作用。其中，最为著名的便是富丽堂皇的圣索菲亚大教堂——在相当长的一段时间内，它都是世界上最为壮观的教堂建筑。时至今日，这座了不起的建筑仍然保存着它的美丽和壮观，只不过被改造成为伊斯兰教的清真寺。

但是，查士丁尼做过的最为重要的事情——他最为值得歌颂的一项工作——就是修改和汇集了法律。他制定了很多优秀的新法律，改革了许多旧有的法律，因此，他作为世界上最为伟大的立法者之一而众所周知。有很长一段时间，罗马帝国的法律很难被理解。这样的法律有很多，不同的制定者在法律到底是什么、它们意义是什么方面分歧很大。为此，查士丁尼专门雇用了一位名叫特里波尼安的著名律师汇集和简化主要的法律条文。他汇集起来的法律统称为《查士丁尼法典》。它不仅现存于世，还是大部分欧洲国家制定各自法律时参考的标准。

通过为君士坦丁堡建立起大量的制造业，查士丁尼还推行了大量的善政。他还是第一个将蚕带进欧洲的人。

在生命中的最后一年，查士丁尼依然强壮、活跃，努力地工作着。他常常会整天整夜地工作或者做研究，以至于废寝忘食。他死于公元 565 年，享年 83 岁。

第九章　穆罕默德

一

　　亚洲和欧洲的许多人以及在欧洲的很多土耳其人都信奉伊斯兰教。他们被称作穆罕默德教徒、伊斯兰教徒或者穆斯林，他们宗教的专有名称是"伊斯兰"，意思是顺从或者服从。

　　伊斯兰教的创始人是一位叫做穆罕默德的人。他约于公元570年出生在阿拉伯半岛的城市麦加。他的父母都是穷苦人，虽然如此，据说，他们是阿拉伯王子的后裔，在穆罕默德还是个孩子的时候都去世了。他叔叔名叫阿布·塔里布，是一位心肠很好的人，把穆罕默德带回家，将其抚养成人。这个男孩长得更大的时候，开始帮别人放牧，照看羊群和骆驼。有时候，他会同叔叔一起游走在阿拉伯半岛的不同地方，帮助他打理生意。在这些旅途中，穆罕默德常常骑着一头骆驼，不久，他就成了一位娴熟的骆驼骑手。

　　在所有的工作中，穆罕默德都表现得很忠厚。他总是实话实说，从不违背诺言。"我已经做出承诺，"他会说，"我必须遵守它。"他在麦加因为诚实和可靠而广为人知，人们送给他一个名字，叫"艾敏"，意思是"诚实者"。

虽然他这个时候只有 16 岁，但是，那些富有的商人对他却是非常的信任，他们让他参与重要的业务，放心地将大量的金钱交给他。他常常带着商队去距离麦加 65 英里的红海沿岸的一座港口，在那里售卖用骆驼运送过去的商品。接着，再引领着长长的驼队回到麦加，忠诚地把出售商品所得的钱交给货物的主人。

穆罕默德没有接受过学校教育，他不会读书也不会写字。但他并非毫无学识。他对委托给他的工作非常了解，在业务方面的水平绝对一流。

二

一天，在他大约 25 岁的时候，穆罕默德在步行穿过市场时，碰到了一位名叫赫蒂彻的富婆的驼队队长。赫蒂彻是个寡妇，从事着她已故丈夫留给她的生意。这位骑手一见到穆罕默德，就拦住了他，说：

"我的女主人希望在中午之前见见你。我认为，她打算聘请你来照看她的那些商队。"

穆罕默德没听他多说，便尽可能快地去了赫蒂彻的住处。因为，他一听到可以从事如此重要的一份差事，就非常高兴。寡妇很友好地接待了他，说：

"我在商人中经常听他们说起你。他们说，你虽然年轻，但却是个优秀的商队管理者，值得信任。你愿意来照顾我的商队，全心全意为我服务吗？"

穆罕默德听到后，非常高兴。

"我接受您的提议，"他说，"我将会尽我所能地为您服务，使您满意。"

赫蒂彻随后就聘请他做了她的业务管理者。他工作很出色，也很忠诚。她对他评价甚高，他也被她给吸引住了，不久，他们互生爱慕并结婚了。

他现在成了富婆的丈夫，不需要再辛苦地工作了。虽然他仍然继续打理着妻子的业务，但是，却不会像从前一样来回奔波了。他把大量的时间花在思考宗教上，尽可能多地了解犹太教和基督教，但是却对两者都不满意。

当时，阿拉伯半岛的大部分人都崇拜偶像，很少有人是基督教徒。

穆罕默德非常诚挚和严肃。在麦加附近希拉山的一处洞穴内，他每年都会花费几周的时间用于祈祷和宗教冥想。他宣称，当他在洞中祈祷的时候，常常看到上帝和天堂的幻象。他说，有好多次，天使加百利出现在了他的面前，向他揭示后来传给信徒的宗教。由于自己不会书写，他凭借记忆记下了天使告诉他的所有内容，并让人把它写成了一本书。这本书叫作《古兰经》，像我们（美

国人）的《圣经》一样，意思是"经书"。《古兰经》就是伊斯
兰教徒的"圣经"。

三

在天使首次同他讲话之后，穆罕默德回到家中，他将自己的
所见所闻都告诉了妻子。她立刻就相信了，并且还成了这种新宗
教的信徒。她在丈夫跟前跪下，大喊道：

"世上只有唯一的真主。穆罕默德就是真主派遣的先知。"

穆罕默德然后向其他的家庭成员讲了这个故事。他们中有些
人相信了他，成为他的第一批信徒。不久，他开始向人们传道。
他会在市场上讲，也会在其他公共场所讲。大部分人听他讲的故
事时，都感到好笑。但是，有些穷人和少数奴隶相信他，接受了
这种新宗教。其他人则说，他是个梦想家和白痴。

然而，穆罕默德对人们的侮辱不以为意。他继续讲述加百利
的出现，向人们宣讲，说，是天使命令他教给人们教义的。

穆罕默德在沙漠里对信徒布道

穆罕默德在公众面前演讲的时候,常常会有他称为的一种"天堂的幻影"出现。这时候,他的脸会变得死一样苍白,眼睛变成红色并凝视不动,声音洪亮,身体也会剧烈抖动。然后,他会告诉大家他刚才在幻影中看到了什么。

过了一段时间,他信徒的人数开始增长。阿拉伯半岛远方的地区和临近国家的人也来听他布道。一天,有 6 位来自阿拉伯半岛上最大的城市之一、麦地那的族长前来认真地聆听他布道,并皈依了伊斯兰教。他们回去后,向与他们住在同一座城市里的人谈及这种新宗教,他们中的许多人成为它的信仰者。

但是,麦加的人,也就是穆罕默德故乡的人却几乎都在反对他。他们不仅不愿意相信他宣扬的内容,还称他为江湖骗子。他自己所在部落的人对他的反对尤为激烈。

大约这个时候,穆罕默德的叔叔和妻子去世了,当时,他在麦加几乎没有朋友。他决定离开那座城市,到麦地那去。当地一些相信他教义的人希望他能过去并同他们待在一起。因此,他秘密地离开了家乡,逃离了他的敌人,率领着一些忠实的伙伴,逃到了麦地那去。

在公元 622 年,即回历元年,穆罕默德从麦加逃了出来。这个事件在伊斯兰教历史上非常重要。它被称为"先知迁徙",或者"希吉来"——意为"迁徙"。希吉来是伊斯兰时代的开始,从此以后,在所有统治者和人民都是伊斯兰教徒的国家中,那里的纪年都是从希吉来而不是基督降生开始的。

穆罕默德到达麦地那后，
受到了当地人欣喜若狂的迎
接。他此后一直住在那里。
在麦地那，人们为他建造了
一栋富丽堂皇的教堂。它被
称作清真寺，所有的伊斯兰
教堂，或者用于朝拜的地方，

君士坦丁堡的艾哈迈迪清真寺和方尖石塔

都用这个名字。它的意思是拜服或者祈祷之地。

四

穆罕默德认为，用武力传播他的宗教和向异教徒（或者没有
信仰的人）——就是他说的那些不
接受其教义的人开战是正确的。他
因此而召集起一支军队，向异教徒
开战。他取得了多次胜利，还率领
了一支 1 万人的军队向麦加进军，
麦加城未做抵抗就投降了。这里的
人接着就信仰了他的宗教，捣毁了
他们的偶像。不久，阿拉伯半岛的
所有居民和邻近国家的很多人都
成了伊斯兰教徒。

穆罕默德进入麦加，宣扬真主的
独一性

　　穆罕默德在公元 632 年，或者回历 11 年死于麦地那。他被埋葬在一座清真寺内，那是他主持了很多年宗教仪式的地方。麦地那自此备受推崇，因为先知墓在那儿。据他的信徒所言，遗体一直躺在棺材里，看起来如初埋时一样。还有一种说法，穆罕默德的棺材停留在天国和凡间的某个地方，悬挂在空中。但是，这种传说是由他的敌人编造的，为的是调侃先知和他的宗教。

　　穆罕默德的墓地每年都受到来自所有伊斯兰教国家人民的朝觐，先知的诞生地麦加也受到许多朝圣者的朝觐。伊斯兰教规定，每位伊斯兰教徒一生之中至少要到麦加访问或朝拜一次。伊斯兰教徒祈祷的时候，无论他处于世界的哪个位置，脸都要朝向麦加，表示他一直要向那里前进。

朝圣者穿越沙漠去麦加

虔诚的伊斯兰教徒每天都会祈祷 5 次，有一位叫作穆安津的清真寺礼官会提醒祈祷者注意时间。他提醒的时候，会来到光塔的讲台或者阳台，或者是清真寺塔，高声咏唱下列词句：

"祈祷吧，祈祷吧！世上只有唯一的真主。他创造了生命，他永生不灭。我赞扬他的完美。真主伟大。"

一位宣礼吏召唤祈祷

在麦加，有座清真寺被称作大清真寺。这是一个占地很大、四边形的围场，或者是一座大型广场，能够容纳 3.5 万人。它被大理石和花岗石柱的拱廊包围着，拥有 19 扇大门，每一扇都拥有一个光塔或者尖塔在上面。

在这个围场内是一座著名的被称作"克尔白"或者立方体的建筑。从形状上看，它几乎是一个立方体。在它的墙上，有一处墙角，镶嵌着闻名遐迩的"黑石"。穆斯林看待这种石头时怀着崇高的敬畏之心。他们说，它来自天国。据说，它之前是白色的，但是，经由千百万朝圣者用眼泪浇注或者手触摸，就变成了黑色的了。实际上，它的颜色是红棕色的。

在穆罕默德之前，克尔白是一座异教徒的神殿。但是，他占领麦加后，就把这座旧神殿改成了他自己宗教受崇奉的中心了。

穆罕默德死后，一个人被任命为穆斯林教会的领袖作为他的继任者。他被称为哈里发（Caliph），意思是继承者。这个称呼此后一直由伊斯兰教的宗教领袖沿用下来。在现代，土耳其的苏丹或者统治者通常被视为哈里发。然而，阿拉伯学者却说，事实上，根据《古兰经》，只有谢里夫（Sharif）——穆罕默德的后裔，也就是麦加的总督，才享有这一身份。

第十章 查理·马特和丕平三世

一

穆罕默德死后，被称作萨拉森人的伊斯兰教徒们成了强大的武士。他们征服了许多国家，随之将伊斯兰教传播过去，还在那里确立起伊斯兰教的地位。公元711年，萨拉森人入侵并征服了西班牙的大部分国土，在那里创立了一个强大的王国，这个王国延续了大约七百年。

他们接下来试图征服法兰克人的领土，然后是整个欧洲。

他们认为，征服法兰克人会很容易，因为当时的法兰克国王非常软弱。他是被称作"毫无作为"的众多国王中的一位。这些国王于公元638-751年间在位。他们将所有的时间都用于吃喝玩乐上，把政府的事务留给宫相们去管理。

这些宫相起初是管理国王家务的官员。后来，他们成了那些幼年或少不更事的国王的监护人。只要国王尚未成年，宫相就会以国王的名义行使政府主要官员的职责。由于几任年轻的国王，即使在他们到了可以亲政的年龄，也大都耽于享乐，很少关注政府事务，使得宫相们得以继续大包大揽所有的事务，直到他们最终会做一切需要国王去做的事情。他们发动战争，领军打仗，筹集资金并将其花掉，以他们喜欢的方式管理政府，而这些行为均不需要征求国王的意见。

"毫无作为们"享有国王的称号，但是也仅仅如此而已。事实上，他们对做任何事情都不上心。他们关心的事情只有狗、马和消遣。

最为著名的宫相之一叫做赫斯塔尔丕平(Pepin of Herstal)（即丕平二世），据说，有一年他让国王穿上最为华丽的衣服，招摇着通过了宫廷的所在地巴黎。一群盛装的贵族和廷臣伴随着国王，在他乘坐由一群骏马牵引的镀金战车在街上行走的时候，这些人对国王可谓是前呼后拥。国王受到了人们的欢呼，他也以最为平易近人的方式对他们的问候表示了谢意。

游行过后，国王被簇拥着来到了金碧辉煌的王宫，那里聚满贵族。他坐上宝座后，向人们表达了敬意，还发表了简短的演讲。演讲是丕平事先准备的，被国王用心记了下来。仪式快结束的时候，这位高贵的"小人物"就退到了他的乡间别墅，此后一年内就再也没有关于他的消息出现过。

二

丕平死于公元 714 年，他 25 岁的儿子查理继承他成为宫相。这个查理就是历史上著名的查理·马特。他是一个勇敢的年轻人，在父亲的带领下参与了很多战斗，并因此成长为一位优秀的士兵。他手下的人对他都忠心耿耿。

在他做宫相期间，查理率军同法兰克人的敌人打了好几仗。这些战争中最为重要的一场就是同萨拉森人的战斗，这些人从西班牙穿越比利牛斯山入侵了法兰克人的领土，试图将伊斯兰教传播到那里。他们的军队由西班牙的萨拉森人总督阿卜杜勒·拉赫曼率领。

在穿越法兰克领土的南部向前挺进的时候，阿卜杜·勒拉赫曼捣毁了很多城镇和村庄，杀死了大批的人，掠夺了他能够带走的所有财产。他洗劫了波多尔城，据说，获取了众多有价值的物品，每一位士兵都"携带着金质的花瓶、杯子，绿宝石和其他珍贵的石头"。

但是，这时的查理·马特也没有坐以待毙。他尽可能快地集结起一支由法兰克人和德意志人组成的大军，向萨拉森人发起了进攻。两支军队于公元 732 年 10 月在都尔和波亚迭两

查理·马特在都尔战役

地之间相遇。此后六天内，双方间除了发生过一次小规模的战斗之外，并没有激烈的战斗。但是，在第七天的时候，却发生了一场决定时局的战争。

基督教徒和伊斯兰教徒双方都以可怕的虔诚之心投入了这场战争，打斗进行了一整天，战场上到处都是战死者的尸体。但是，快到傍晚的时候，阿卜杜·勒拉赫曼却在法兰克人发动的一次果断的冲锋中被杀死。接着，萨拉森人逐渐退到他们的营地中去。

然而，无人知道，究竟是哪一方获得了此次战斗的胜利。法兰克人期待第二天可以开创新的局面。

但是，当查理·马特同他的基督教武士在日出时刻出现在战场上的时候，却找不到敌人的踪影。伊斯兰教徒已经借着夜色的掩护悄悄逃跑了，并在身后留下了所有他们掠夺来的贵重物品。现在，对于到底是哪一方获得了这次战争的胜利已经是毫无疑问的了。

都尔一战，被认为是世界史最具有决定性意义的战斗之一。它决定了基督教徒而非穆斯林成为欧洲的统治力量。

查理·马特尤其应该被当作这场战斗的英雄加以歌颂。据说，"马特"一名就是因为他在战斗中的英勇善战才授予他的。"马特"是法语 martel，意思是铁锤，一位年迈的法国历史学家说，由于一把铁锤可以打破和击碎铁和钢，因此查理在都尔一战中击破并碾碎了敌人的势力。

尽管萨拉森人从都尔的战场上逃跑了，但他们并没有逃离法兰克人的领土，查理不得不又同他们打了好几仗，直到彻底将他们击败。他把他们赶到比利牛斯山以南，再也无法试图入侵法兰克的领土。

击败萨拉森人之后，查理·马特开始被视为基督教的伟大捍卫者。直到公元 741 年去世，他虽然在名义上不是，但是在事实上就是法兰克人的国王。

三

查理·马特有两个儿子，分别叫做小丕平（即丕平三世）和哥哥卡洛曼丕平。他们曾经一度实行共治，但是，由于哥哥卡洛曼在与弟弟小丕平的权力之争中落败，他就去了一家修道院，成了一名僧侣。这样，丕平就成了唯一的掌权者。

丕平拥有非凡的力气和勇气。有一则关于他的故事，展示了他无所畏惧的一面。

一天，他同几个贵族一起去一个马戏团观看一只狮子同一头公牛的决斗。决斗开始后不久，公牛看起来似乎要失败了。丕平对着他的伙伴大喊道：

"你们中有没有人愿意将这两只野兽分开？"

但是，无人应答。他们中没人有勇气做下尝试。接着，丕平从座位上跳起来，冲进了竞技场，用他的剑一下子把狮子刺死了。

在丕平作为宫相统治的早期，王位的占有者是个名叫希尔德里克三世的人。像他父亲和其他"无所作为"的国王一样，希尔德里克对吃喝享乐的关心远胜过政府事务。丕平是真正的统治者，他拥有所有可以用来进行统治和保卫王国的权力。

因此，他派遣了一些朋友去罗马，向教皇征求意见。他们对宗座说：

"圣父，谁应该成为法兰克的国王——是拥有国王称号的人，还是拥有权力行使国王所有的职责的人？"

"毫无疑问，"教皇回答，"应该是拥有权力行使职责的人。"

"那么，当然，"他们说，"丕平应该是法兰克人的国王，因为他拥有所有的权力。"

教皇表示了赞同，丕平被加冕为法兰克的国王。从而，希尔德里克的统治结束了，取而代之的是丕平的统治。

在丕平统治期间，他几乎一直忙于战争。有几次，他率兵去意大利对付那些反对教皇的伦巴底人。这些人占据了意大利的部分领土，包括一直都被称作伦巴第大区的这个省份。

丕平不仅征服了他们，还将他们占有的罗马附近的那部分土地作为礼物送给了教皇。这件事被称作"丕平献土"。它是著名的教皇的"世俗权力"的开始，也就是说，他们作为意大利部分国土统治者拥有的权力。

丕平于公元 768 年 9 月 24 日去世。

第十一章　查理曼大帝

一

丕平有两个儿子，分别叫查理和卡洛曼。他们的父亲死后，由两人实行共治，但是，几年后，卡洛曼也去世了，如此一来，查理成了唯一的国王。

这个查理就是法兰克国王中最为著名的一位。他做了好多重要又精彩的事情，因此被称为"查理曼"，意思是查理大帝。

他是一位英勇善战的士兵，同撒克逊人展开了一场持续三十年的战争。最终，他征服了他们，他们的强有力的酋长，维杜金德，也臣服了他。撒克逊人是德意志的一个民族，当时生活在与法兰克领土毗邻的地方。他们说着相同的语言，与法兰克人属于同一个种族，但只是还没有通过与罗马人接触而变得文明起来。

他们仍然属于异教徒，正如法兰克人在克洛维成为基督教徒之前一样。他们实际上还会用人作为祭品呢。

查理曼大帝征服他们之后，将他们的领土变成自己王国的一

维杜金德受洗

部分。他们中的许多人，其中就有维杜金德，随后都成为基督教徒，接受了洗礼。不久，在他们国家的很多地方，都建立了教堂和学校。

查理曼大帝众多的战争之一就是反对伦巴底人。

正如之前读到过的，丕平不仅打败了伦巴底人，还将他们控制的部分国土送给了教皇。伦巴第国王现在侵入了教皇的领土，威胁到了罗马的安危，因此，教皇派人向查理曼大帝求助。

查理曼大帝迅速地率军穿越阿尔卑斯山，向伦巴底人发起进攻。他将他们逐出了教皇的领地，还占领了他们的国家。

在征服了伦巴底人之后，他又于公元778年对西班牙发动了战争。当时，西班牙的大部分领土都由摩尔族裔的撒拉逊人控制着。但是，一位来自大马士革的穆斯林领袖入侵了他们的国家，摩尔人邀请查理曼大帝去帮助他们。他率领一支军队穿越比利牛斯山，通过战争，成功地将他的摩尔人朋友置于西班牙统治者的地位，然后便返回了自己的国家。

在行军途中，他的军队分成了两支。主力由查理曼大帝亲自率领，后卫部队由一位叫做罗兰的著名武士指挥。在通过位于比利牛斯山的狭窄的龙塞斯瓦列斯山口的时候，罗兰率领的部队遭到了巴斯克人的攻击，这个部落生活在附近地区的山坡上。

高耸的悬崖峭壁在山口的两侧筑起了一堵厚厚的城墙。从这些悬崖峭壁的顶端，巴斯克人向法兰克人抛掷石块和树干，将他们中的很多人砸死或者压死了。除此之外，野蛮的山民还来到山口，用武器攻击了他们。罗兰虽然英勇战斗，最终还是处于下风，他和他的部众全部战死。

罗兰有个朋友和同伴，叫做奥利弗，这个人像他一样勇敢。好多的故事和歌曲都被创作出来，讲述据说是他们经历过的精彩的冒险活动和在战场上的精彩事迹。

查理曼大帝在西班牙的努力很快被瓦解了，因为来自大马士革的伊斯兰教首领阿卜杜勒·拉赫曼（生于公元 731 年或 734 年，

罗兰在龙塞斯瓦列斯战役中

公元 756-788 年在位，西班牙科尔多瓦的第一位埃米尔）不久便征服了比利牛斯山南部几乎所有的领土。

查理曼大帝做了四十多年的法兰克国王，但是，一项更伟大的荣耀就要降临到他的头上了。公元 800 年，一些在罗马的人起来反对教皇，查理曼大帝率军前来镇压。他以胜利者的姿态进入了这座城市，不久即征服了叛乱者。在圣诞节这天，他来到圣彼得大教堂，在圣坛前下跪的时候，教皇将一顶王冠戴在了他的头上，说：

"罗马皇帝查理·奥古斯都万岁！"

人们聚集在教堂内，喊着相同的话，因此查理曼大帝成了西罗马帝国的皇帝，同时还是法兰克的国王。

教皇为查理曼大帝加冕

查理曼大帝在德意志境内的一座小镇亚琛建造了一座金碧辉煌的宫殿，那里有可能是他的出生地。

查理曼大帝身材高大，长着又长又飘逸的胡子，拥有高贵的仪容。他穿着打扮的风格非常简单，但是，当他投入战斗的时候，就会穿上盔甲，这就是那个时代的国王和贵族们的作派，连普通的士兵也是如此。

盔甲由皮革或者铁制成，或者将两者结合起来制成。一副完整的盔甲，头部有一个铁制的头盔，胸前有一副护胸，或者盔甲外套来保护身体。盔甲外套由小型的铁环或者钢环串连在一起，或者直接系在皮质衬衣上。腿和脚均由固定在外套上的物品遮掩着。

二

查理曼大帝不但武功赫赫，在其他方面也很有作为。他为人民做了好多善事。他制定了许多优秀的法律条文，任命法官去监督法律条文的实施。他建立学校，让优秀的教师来掌管学校事务。他在宫殿里为自己的子女开设了一所学校，还聘请了一位叫作阿尔琴（约公元 735-804 年，西欧中世纪英格兰神学家、教育家）的博学之士做他们的老师。

在当时，很少人有机会读书或写作，没有更多的学校可以供人们读书习字，在大部分地方，甚至连所学校都没有。即使国王也很少接受教育。实际上，他们中很少有人会写自己的名字，他们中的大部分也不大关心送他们的孩子去上学的事情。他们想不到阅读或者写作会大有用处。只是想，对男孩子来说，成为优秀的士兵，对女孩子来说学会针线和编织的技能就非常不错了。

查理曼大帝具有非同一般的想法。他喜欢学习，每当他听说一位博学的人，无论这个人生活在哪个国家，他都会想方设法把他请来，让他住在法兰克王国内。

查理曼大帝作为一位优秀的武士和英明的皇帝，其名声传遍世界。许多国王都派使者与他结好，赠给他礼物。居住在亚洲巴格达的著名哈里发哈伦·拉希德（详情见第十二章）送了他一头大象和一座会报时的钟表。

法兰克人见到大象非常惊奇，因为他们之前从未见过大象。他们还对钟表感到好奇。在当时的欧洲，还没有我们拥有的钟表，但是在一些地方却存在着水钟和漏钟。水钟就是一个水可以滴进去的容器，它具有一个浮点（或者浮板），会指向容器一侧的某个时间刻度。浮点会逐渐地升至水滴进来的位置。

漏钟靠细沙从玻璃器皿的顶端往下漏来计时，这个玻璃器皿在中间有个狭窄的颈部，可以允许沙子通过。它们就像小型的被称作煮蛋计时器的玻璃杯，这种计时器可用来测量煮蛋所用的时间。

查理曼大帝于公元 814 年去世。他被埋葬在自己修建的亚琛的教堂内。他的遗体被放置在墓穴中，端坐在一把金碧辉煌的椅子上，穿着国王的长袍，头戴一顶王冠，旁边放着一把宝剑，双手拿着一本《圣经》。

这位著名的皇帝在历史上以查理曼大帝著称，Charlemagne 是个法语词汇，它对应的德语名是 Karl der Große，这个称呼是他健在时宫廷里的人对他的称呼。这个德语名字对他来说事实上是个更好的称呼，因为他就是个德意志人，德语是他讲的语言。他最喜欢的住处亚琛 Ahha 的通称也是个法语词汇，但是他知道的却是这个地名的德语名称（Aachen）。

查理曼大帝

查理曼大帝创立的大帝国只维系到他儿子一代，接着就被他的三个孙子给瓜分了。路易接管了帝国的东部领土，洛泰尔以皇帝的名义接管了帝国的中部领土，查理接管了帝国的西部领土。

第十二章　哈里发哈伦·拉希德

一

在所有的伊斯兰教哈里发中，最为著名的当数哈伦·拉希德了，这个名字在英语里的意思是亚伦，正义的化身。哈伦是著名的《天方夜谭》中几则故事里的英雄人物，您或许已经读过这本书。书中有好多奇妙而精彩的故事。

在哈伦只有18岁的时候，他就表现出一位士兵应具有的勇气和战斗技能，为此，他父亲，也就是当时的哈里发，允许他率领一支军队抗击伊斯兰教的敌人，他赢得了很多次重大的胜利。

他后来指挥了一支由阿拉伯人和波斯人组成的9.5万人的大军，受其父亲派遣入侵东罗马帝国，这个帝国当时处在伊琳娜女皇（公元797-802年在位）的统治之下。打败伊琳娜的名将尼塞塔斯后，哈伦便率领他的军队向克利索波利斯，即现在的斯库塔里挺进。此地位于亚洲海岸，与位于欧洲海岸的君士坦丁堡隔海相望。他在高地上安营扎寨，从那里可以将罗马帝国的都城的境况尽收眼底。

　　这位女皇明白，这样下去，都城肯定会被穆斯林夺取，她便派使臣去找哈伦寻求妥协。但是，他断然拒绝做任何妥协，除非对方立刻投降。

　　当时，有一位使臣说："女皇对您作为一位将军的能力，十分钦佩。虽然您是她的敌人，但是作为一名战士，她却是十分仰慕您。"

　　这些阿谀奉承的话语甚合哈伦的心意。他在帐篷前来回踱步，接着再次对使臣们讲了话。

　　"请转告女皇，"他说，"我可以放君士坦丁堡一马，前提是她得支付我7万根金条，作为年贡。如果贡品能够按时支付，君士坦丁堡就不会遭受任何穆斯林的武力伤害。"

　　女皇不得不同意这些条款。她支付了第一年的贡金。不久，这支强悍的穆斯林大军就启程回国了。

　　不到21岁，哈伦就成为哈里发。

　　他通过任命非常能干的大臣开始了他的统治，这些人将国家事务处理得非常好，人民的生活条件因此获得了极大的改善。

　　哈伦在巴格达修建了一座宫殿，这座宫殿比之前任何一位哈里发在位时建造的都要更加富丽堂皇。他将宫廷设在了这里，过着非常奢华的生活，由好几百位侍臣和奴隶为之服务。

　　他求治心切，认为他的人民应该得到政府官员的公平对待，他决心找出任何可以导致民怨的原因。因此，他有时会在夜间乔装打扮，行走在街道和市场上，聆听他所遇到的人们的交谈，向他们提出问题。通过这种方式，他可以了解人民是否满意、幸福。

在当时，位于东方的巴格达和位于西方西班牙的伊斯兰城都为它们拥有的学校和博学之人而闻名遐迩。阿拉伯教师们首次将代数和我们在计算中运用的数字介绍到西欧，正是因为这种原因，我们称呼这些数字为"阿拉伯数字"。

哈伦·拉希德对于学习给予大力的鼓励和支持。他本人就是一位学者和诗人，无论在自己的王国内还是在邻邦，也无论什么时候，他只要听说有博学的人，就会邀请他们前来自己的宫廷，以非常尊敬的方式招待他们。

哈伦因此而闻名全世界。据说，他和查理曼大帝通过信，正如你之前读过的，哈伦送给这位著名的皇帝一座钟表和一头大象。

哈伦·拉希德的礼物

伊琳娜女皇答应支付给哈伦的年贡连续支付了好几年。每次接收这些贡金，哈伦都会在巴格达举行一次重要的仪式。贡金到达的当天，按规定成了国家假期。跟随贡金而来的罗马士兵会列队进入城门。穆斯林军队也会参与到游行中去。

贡金在王宫交割后，罗马士兵会受到热情款待，然后被护送到城市的正门，随之他们就开启了返回君士坦丁堡的旅程。

二

802 年，尼斯福鲁斯（公元 802-811 年在位，即尼斯福鲁斯一世）篡夺了东罗马帝国的帝位。他派遣使臣携带一封书信给哈伦，告诉他贡金今后就不会再有了。信中含有下列字句：

"软弱又胆怯的伊琳娜向你呈送贡品。她是应该让你向她支付贡金的。请将她支付给你的所有贡金归还给我，否则，让我们兵戎相见吧。"

哈伦读到这些字句后，使臣们就将一束剑扔到了他的脚下。哈里发微微一笑，他拔出自己的宝剑，或者弯刀，一下子将罗马人的剑砍成了两截，并且丝毫未伤及自己的刀刃，连变形都没有。

接着，他口述一封信给尼斯福鲁斯，他在信中说：

"忠诚的统帅哈伦·拉希德致罗马狗人尼斯福鲁斯：汝之信函，吾已收悉。汝听不到，但会看到吾之答复。"

哈伦说到做到。他当天就率领一支大军去惩罚那个靠篡权上

哈伦·拉希德

位的皇帝。一到东罗马帝国的领土上，他就开始对这个国家实施破坏，掠夺一切他发现的贵重物品。他包围了位于黑海岸边上的赫拉克利亚，只用一周时间就迫使它投降。接着，他洗劫了这个地方。

尼斯福鲁斯被迫同意支付贡金。然而，哈里发刚一回到他在巴格达的王宫，这位皇帝就出尔反尔，再次拒绝支付贡金了。

因此，哈伦率领一支 1.5 万人的军队挺进了东罗马帝国位于小亚细亚的省份佛里吉亚。尼斯福鲁斯率领一支 12.5 万人的大军前来迎战。在接下来的战斗中，这位皇帝受了伤，他的军队也有4 万人战死。

这次挫败之后，尼斯福鲁斯再次允诺支付贡金，但却再次违背诺言。

哈伦发誓，如果这个背信弃义的皇帝落入他的手中，他会亲手杀死他。但是，当他准备着再次入侵东罗马帝国的省份的时候，他自己王国内的一座城市却爆发了起义。在他前往镇压的路上，这位著名的哈里发却死于使他长期遭受痛苦的一种疾病。

第十三章　爱格伯特

一

撒克逊人爱格伯特与哈伦·拉希德和查理曼大帝生活在同一时代。他是第一位将整个英格兰置于一个王国下进行统治的国王。在他出生前很长一段时间，我们熟知的不列颠人，已经生活在那里了，他们将不列颠这个名词赋予了他们居住的这座岛屿。

但是，不列颠遭受过罗马帝国的统治者尤利乌斯·凯撒和他的继承者的入侵，我们现在称之为英格兰的地方也成了罗马帝国的一部分。不列颠人则被驱逐到威尔士和康沃尔等西部地区。

罗马人对这座岛屿的占有持续了将近四百年。他们直到公元410年才离开，在这一年，阿拉里克洗劫了罗马城。就是这一次，罗马帝国的军队才不得不从不列颠撤走了。

在罗马军队撤走的前几年，撒克逊人、盎格鲁人和朱特人以及日耳曼部落都已在北海沿岸定居下来。他们对不列颠有了许多的了解。即使在早期，他们也知道了贸易的船只可以穿越

英吉利海峡。此外，来
自北方的人了解到，修
筑良好的罗马道路贯穿
整个不列颠岛，道路沿
途点缀着用砖石修建的
房子，拥有城墙的城市
取代了搭着帐篷的营地，

亨吉斯特和霍萨在英格兰登陆

每座城市周围数英里内，一到春天，到处都是绿色盎然、随风
舞动的麦田，或者盛开着白色鲜花的果园。

　　罗马帝国的军队离开不列颠后，据说，朱特人在两位名叫亨
吉斯特和霍萨的主要首领的带领下，登陆了东南海岸，并在那里
定居下来。

　　不列颠被证实是一处非常适合居住的地方，不久，盎格鲁人
和撒克逊人也离开了北海沿岸，侵入了这座美丽的岛屿。

　　新的入侵者遭到了当地人的顽强抵抗。不列颠人由亚瑟王率
领，民间流传着许多关于这位国王的非凡故事。他的宫廷位于北
威尔士的卡利恩，他的150位骑士就是在那里参加他们著名的"圆
桌"盛宴的。

　　不列颠的国王和他的骑士们以视死如归的大无畏英雄主义参
加战斗。但是，他们却未能如愿以偿地将撒克逊人和他们的同伴
赶回去，不仅如此，他们还被迫向不列颠岛的西部山区寻找避难
所，正如他们的先辈在罗马帝国的军队入侵不列颠时的做法一样。

就这样，几乎整个英格兰都落入了三个入侵的部落手中。

二

　　亚瑟和他的骑士都是虔诚的基督教徒。因为，罗马人不仅在不列颠修造了良好的道路，修筑了坚固的城墙和港口，还把基督教传入了这座岛屿。在撒克逊人入侵的时候，圣帕特里克正在爱尔兰修建教堂和修道院，忙于一次性对整个爱尔兰部落进行洗礼。据说，他亲手对 1.2 万人进行了洗礼。传教士受爱尔兰教会派遣，前往苏格兰让野蛮的皮克特人皈依基督教，再后来，便是生活在德意志和瑞士境内的远方野蛮人。

　　撒克逊人、盎格鲁人和朱特人信奉古斯堪的纳维亚的神明，提尔和沃登，托尔和弗丽嘉或弗里亚，他们在不列颠受到崇拜的时间有一百多年。

圣帕特里克给爱尔兰公主们施洗

不列颠人试图让他们的征服者皈依基督教，但是入侵者根本不愿意接受被征服者的宗教，因此不列颠的传教士发现他们的工作无比艰难。然而，帮助却以一种奇异的方式降临到他们的头上。公元 575 年的某个时候，撒克逊人同他们的老朋友盎格鲁人发生了争吵和打斗。他们抓了一些盎格鲁人做俘虏，把他们带到罗马的大型奴隶市场出售。一位叫做格里高利（即格里高利一世，公元 590-604 年在位）的僧侣有一天路过市场时，见到了这些俘虏。他问奴隶贩子这都是些什么人，回答是"盎格鲁人"。

"哦，"这位僧侣说，"如果他们是基督徒，他们就是天使，而不是盎格鲁人，因为他们无疑都长着天使的面孔。"（在英语中，"盎格鲁人"的单词是"Angles"，"天使"的单词是"angels"）

几年之后，当那位僧侣成了罗马教皇，他记起了这次对话，派遣修道士奥古斯丁前去英格兰，教授那些长着天使面孔的野蛮的盎格鲁人基督教义。奥古斯丁和不列颠的传教士让不列颠的盎格鲁—撒克逊人皈依基督教比德意志的撒克逊人早了二百多年。

虽然盎格鲁人和撒克逊人都称自己为基督教徒，他们之间却水火不容。在二百多年的时间里，他们频繁地发生战争。不计其数的首领都竭尽全力地想成为国王。最终，在南部的不列颠，剩下了仅仅 7 个小王国。

公元 784 年，爱格伯特声称自己是韦塞克斯王国的王位继承人。但是，人民却选了另一个人做他们的国王，为此，爱格伯特不得不选择逃走保命。他去了查理曼大帝的宫廷，在公元 800 年

的圣诞节，当罗马教皇在罗马将一顶王冠放在查理的头上，宣称
他为皇帝的时候，爱格伯特就同这位伟大的国王待在一起。

此后不久，一个好消息传到爱格伯特这里。韦塞克斯的民心
已经变了，他们选举他做国王。因此，在辞别查理曼大帝后，他
匆匆赶回英格兰。

爱格伯特已经见证了查理曼大帝如何迫使德意志彼此争吵不
断的部落向他宣誓忠诚，以及他如何在建立起帝国后，又将其治
理得井井有条。

爱格伯特在英格兰效仿起查理曼大帝在德意志的做法来。他
要么劝说各种各样的盎格鲁人、撒克逊人和朱特人建立的小王国
承认他是他们的统治者，要么迫使他们就范。就这样，整个英格
兰，在他的软硬兼施下，变成了一个统一的王国。

但是，爱格伯特做的甚至比这还要好些。他通过做大量的英
明的调解使得各个部落之间都能和谐相处。"英格兰"一名就是
对此的一种纪念。因为，尽管爱格伯特是个撒克逊人，他却建议，
为了取悦盎格鲁人，这个国家应该被称作英吉利，意思就是盎格
鲁人的国家，而不是撒克逊人的国家。

第十四章　维京人首领罗洛

一

在中世纪，有二百余年，欧洲的基督教国家在西南方向遭受着来自于西班牙的萨拉森人的攻击，在西北方向遭受着斯堪的纳维亚人或者北方人的攻击。北方人的名称源于他们从北方进入中欧。有时候，他们又被叫作维京人，或者海盗，因为他们是爱冒险的海上强盗，他们会掠夺他们可以通过海路到达的所有国家。

北方人的抢劫性远征

他们的船只又长又快。在船的中间还安装有一个桅杆，上面挂着一张大帆。然而，大多数时候，维京人用人来划船，而不是借助风力，有时候，一艘船上会有 20 个桨手。

维京人对他们的所有邻居而言，都是一种恐惧。但是遭受他们攻击最多的两个地区却是不列颠岛和法兰克人定居的查理曼大帝帝国的部分领土。

在二百年的时间里，法兰克人的领土遭受了将近 50 次的入侵。维京人沿着大河逆流而上，直到我们现在称为法国的心脏地带，抢掠那里的大小城镇。查理曼大帝死后几年，他们甚至深入到他的都城艾克斯，夺取了这个地方，把他们的马匹关进这位伟人修建的大教堂内。

公元 860 年，他们发现了冰岛，在它的海岸建立了一个定居点。几年后，他们航行至格陵兰岛，在那里建立了存在大约一个世纪的若干定居点。

这些维京人是我们居住的美洲大陆的最早一批发现者。在冰岛发现的古书上记载着他们发现这个地方的故事。此次发现同一艘维京海盗船被一场风暴吹至一处奇怪的海岸有关，这处海岸被认为是美洲的一部分，也即现在为人所知的拉布拉多。

当船长返回国内的时候，他告诉了人们他的所见所闻。他的故事激起了年轻的维京人王子的好奇心，这位王子被称作"幸运儿莱夫"，他启航向新发现的海岸进发。

一到岸上，他发现这个国家盛产野葡萄，因此他称之为文兰

（Vinland），或者葡萄树之乡。文兰被认为是现在称作罗德岛州海岸的一部分。

维京人还没有意识到，他们已经发现了一片不为人知的大陆。在欧洲的那些更加文明的地方，没有人对他们的发现有任何了解。不久，文兰航行的故事看起来已经为人们遗忘了，即使在维京人中间也是如此。

因此，我们不会把美洲的发现归功于他们，而是哥伦布。虽然他的发现比维京人晚了将近五百年，但是却让新大陆的存在传遍了整个欧洲，尽管这个地方一直存在着。

二

维京人中有许多卓有才干的首领。其中最著名的为步行者罗洛。之所以这样称呼他，是因为他是个巨人，根本找不到一匹马能驼动他，因此，他总是靠步行。然而，他靠步行能做的事，很少人可以通过骑马做得到。

公元 885 年，罗洛和其他维京人首领一起指挥着 700 艘船只，离开了挪威港口，朝着塞纳河口驶去，他们沿河而上，打算夺取巴黎城。

罗洛和他的人在途经鲁昂时停了下来，这个地方也在塞纳河上，但更靠近河口。鲁昂的市民之前就听说过这位巨人，当他们看到河面为他密密麻麻的舰队所覆盖时，都非常惊恐。然而，鲁昂的主教却告诉他们，罗洛虽然有凶狠和残忍的一面，但是他也有崇高和慷慨的一面。他建议人们打开大门，相信这位维京人首领的仁慈。人们都照做了，罗洛随即进入了鲁昂城，占领了它。主教的建议是很有效的，因为，罗洛对待他们非常友善。

　　夺取鲁昂不久，他就离开了这个地方，继续沿河航行去巴黎，加入到其他维京人首领的队伍中去。现在，美丽的塞纳河中有6英里的河面上积聚着维京人的战船，船上运载着一支3万人的军队。

一艘维京人船

　　一位名叫厄德的著名武士是巴黎伯爵，他已经建议巴黎人对他们的城市进行加固。因此，在罗洛和他的同伴到达前不久，两道具有坚固城门的城墙已经围绕着巴黎修建起来。

　　对维京人来说，夺取拥有坚固城墙的一座城市并非轻而易举。据悉，罗洛和他的人修建了一座高塔，然后通过轮子把它运至城墙上方。高塔顶端的底面满载着士兵。但是，城内的人朝围攻者发射了好几百支箭，向下面的围攻者扔石块，或者倾倒滚烫的油和沥青。

维京人想要饿死巴黎人，对这座城市实施了十三个月的包围。最终，城内的食物变得非常短缺，厄德伯爵决心寻求帮助。他乘着一个漆黑、有暴风雨的夜晚从一扇大门逃出，以最快的速度向国王的驻地赶去。他告诉国王，形势危急，必须采取果断措施营救巴黎人。

国王随即聚集起一支军队，朝着巴黎开去。不过，双方并没有开战，维京人看起来害怕冒险一战。他们放弃了包围，巴黎得以解围。

罗洛和他的人去了勃艮第公国，那里种植着最好的庄稼和酿造最好的葡萄酒，与现在一样。

三

或许，过了一段时间，罗洛和维京人都回国了。但是，我们不知道他在大约二十五年的时间内都做了些什么。我们只知道，他在公元 911 年遗弃了自己在挪威的老房子。然后，他和他的人民从挪威冰冷的海岸启航，再一次率领好几百艘维京人船只沿着塞纳河而上。

当然，一到达法兰克人居住的土地，罗洛立刻开始对那里的城镇和农场实施掠夺。

查理当时是法兰克人的国王，虽然他的人民称呼他"糊涂王"或者"蠢王"，但是，他已经高度意识到，这一切必须得到阻止。因此，他给罗洛写了一封信，建议和谈。罗洛同意了，他们顺理成章地见了面。国王和他的军队站在一条小河的一侧，罗洛和他的维京人站在河的另一侧。消息在两者之间传递。国王问罗洛他想要什么。

"让我和我的人民生活在法兰克人的领土上，让我们在这里安家，我和我的维京人将会成为您的臣民。"罗洛回答。他要求得到鲁昂及其附近的土地。因此，国王把法兰克王国的那部分土地给了他。从此以后，这个地方就开始叫作诺曼底，意思是诺曼人的土地。

当维京人将要定居在法兰克王国和成为法兰克国王的臣民等事情确定之后，罗洛被告知，他必须亲吻查理的脚，以示他愿意成为国王的封臣。然而，这位傲慢的维京人拒绝了。"我永远不会，"他说，"在任何人面前，屈膝下跪，我不会亲吻任何人的脚。"可是，经过一番劝说，他命令他的一个随从代他行使了表示恭顺的仪式。正当国王骑在马上，这位维京人站在马旁边的时候，他突然抓住了国王的脚，将他拽至自己的唇边吻了一下。令维京人感到好笑的是，这个举动差点没把国王从马上摔下来。

成为国王的封臣则意味着，如果国王参战，罗洛必须加入他的军队，并率领至少1000名战士参战。

罗洛又把诺曼底的部分领土分封给他的几位首领，前提是，他们愿意带兵加入他的军队和在他的领导下战斗。他们成了他的封臣，正像他是国王的封臣一样。

通过这种方式授予封臣的土地被称作封地，这种持有土地制度被称作封建制度。

在中世纪，这种制度在欧洲的每个国家都建立起来。

那些最贫穷的人被称作农奴。他们跟奴隶差不多，永远不允许离开他们所属的庄园。所有的工作都由他们来做，他们主要为地主工作，部分是为了自己。

曾经做过强盗的罗洛知道，烧杀掳掠是多么可怕的一件事，他决心改变人民的习惯。他制定了严格的法律，对强盗施以绞刑。他的公国因此成了欧洲最为安全的地方之一。

诺曼人学会了法兰克人的语言，正式接受了他们的宗教。

罗洛的故事对我们来说是非常有趣的，因为罗洛是著名的诺曼底公爵的祖先，这个公爵在不到一百五十年后征服了英格兰，并将诺曼贵族以及他们的法语和习俗都带进了那个国家。

第十五章　阿尔弗雷德大帝

一

丹麦人是挪威的维京人的邻居，像他们的邻居一样，他们也热衷于航海和抢掠。他们对英格兰海岸实施了一个多世纪的劫掠，英格兰北部和东部的大部分地区一度成为丹麦人做国王的丹麦语国家。

拯救余下的撒克逊人国家的是伟大的撒克逊国王——阿尔弗雷德的勇气。

阿尔弗雷德是西撒克逊国王埃塞尔沃夫的儿子。他有一位非常爱他的母亲，是她投入巨大的精力将他抚养成人。据说，在快12岁的时候，他的阅读能力依然不是很好，尽管有母亲和其他人的悉心教导。

阿尔弗雷德的少年时代，还没有印刷的书籍。奇妙的印刷术直到大约 1440 年才发明出来，这比阿尔弗雷德的时代晚了将近六百年。此外，造纸术也没有发明出来。因此，在阿尔弗雷德的时代，只有很少可用的书籍被技能娴熟的书法家写在羊皮纸上，这些羊皮都经过精心制作，可以保留书写在上面的墨水。

一天，阿尔弗雷德的母亲向他和他的哥哥们展示了一卷包括好多首撒克逊民谣的漂亮书本。书中的一些话用醒目的彩色字母书写而成，在好多页上，画有穿着讲究的骑士和贵妇像。

"哎呀，多么精美的一本书呀！"少年们惊叫道。

"是的，它很精美，"母亲回答，"你们中谁能在一周内把它读得最好，我就把这本书送给他。"

阿尔弗雷德立刻开始学习阅读，每天都很刻苦。而他的兄弟们都嬉戏玩耍，并以取笑阿尔弗雷德的用功为乐。他们认为，无论他怎样努力刻苦，都不可能赶上他们。

一周后，孩子们一个接一个地读这本书给母亲听，令哥哥们感到吃惊的是，阿尔弗雷德证明了自己才是读得最好的一个，母亲把这本书送给了他。

在很年轻的时候，阿尔弗雷德便被父亲派遣到罗马接受他的教宗，也就是教皇，为他举行的涂油仪式。这是一段漫长又令人厌倦的旅程，大部分时间都是在马背上度过。

他接受了教皇令人印象深刻的庄严的宗教仪式。此后，又在罗马待了一年，接受宗教教导。

二

公元 871 年，阿尔弗雷德 22 岁，这时，丹麦人侵入了英格兰的很多地方。这期间，发生了几场很大的战争，阿尔弗雷德的哥哥、西撒克逊国王埃塞雷德战死。阿尔弗雷德继任为国王。

丹麦人仍然继续同撒克逊人做战，并在一场长期而激烈的斗争中打败了阿尔弗雷德。他们占领了英格兰的北部和东部。

此外，来自丹麦的丹麦人继续渡海劫掠撒克逊人控制的英格兰海岸。他们使撒克逊人处于长期的惊恐之中。阿尔弗雷德决心在海上会会这些强盗。因此，他建造和装备起第一支英格兰海军，并在公元 875 年赢得了英格兰人有史以来的第一次海战胜利。

然而，此后几年，大量的丹麦人从英格兰北部涌向撒克逊人的领地。阿尔弗雷德被迫逃命。

在几个月的时间里，他游走在树林和山上，以防被丹麦人抓获。他有时会把家安在山洞中，以及牧羊人和牧牛人的茅舍里。他常常照料牛群和羊群，而且很高兴因此得到农夫提供的晚餐，作为他付出劳动的报酬。

有一次，在极度饥饿的情况下，他进入了一个牧牛人的房子，请求

丹麦人入侵英格兰

给点吃的。这位牧牛人的妻子正在烤糕饼，她说，糕饼烤好后，就会给他点。

"看着糕饼，别让它们烤焦了，我到田地那边看一下牛群。"这个女人说完便匆匆离开了。阿尔弗雷德在靠近烟囱的一个角落坐了下来，按照要求照看起烤着的糕饼。但是，不一会儿，他的思绪就转到了他的烦恼上，把糕饼的事忘得一干二净。

女人回来后，恼怒地大叫起来，因为糕饼已经烤焦，没法再吃了。"你这个懒货，废物！"她说，"我都保证了你很快就可以吃到糕饼，但是，你真是太懒了，连帮我照看一下都不愿意。"

说完，她将可怜而又饥饿的阿尔弗雷德赶出了房子。一身破烂打扮的他，看起来根本不像个国王。在女人看来，他就是一个乞丐。

三

阿尔弗雷德的一些朋友发现了他的藏身之处，赶来与他会合。不久，一队士兵也赶了过来，他们建造了一座坚固的堡垒。阿尔弗雷德和他的人不时地从这座堡垒对小股的丹麦人发起进攻。阿尔弗雷德做得很成功，他的军队逐渐壮大起来。

一天，他乔装打扮成一位游唱诗人，进入了丹麦人的营地。他到处闲逛，弹着一把竖琴，唱着撒克逊人的民谣。最终，丹麦人的首领古斯鲁姆下令将这位歌手带到自己的帐篷中去。

阿尔弗雷德大帝在丹麦人营地

　　阿尔弗雷德走了进去。"给我唱一些你最拿手的曲子吧，"古斯鲁姆说，"我从未听过更好听的音乐。"因此，这位国王扮演的竖琴手开始为丹麦人演奏、歌唱起来，走的时候还被赠送精美的礼物。但是，比礼物更好的是，他获得了重要的情报。

　　一周后，他向丹麦的军队发动了进攻，在这场从白天持续到深夜的战斗中，阿尔弗雷德的军队一举获胜，并给予丹麦人重大杀伤。古斯鲁姆成了俘虏，被带到了阿尔弗雷德面前。

　　阿尔弗雷德手持竖琴，弹奏、歌唱了一首他在古斯鲁姆营中表演过的民谣。这位丹麦人开始吃惊起来，大喊道：

　　"你，阿尔弗雷德国王，是个游唱诗人？"

　　"不错，"阿尔弗雷德回答，"我就是那位你友好招待过的音乐家。你的性命现在在我的手中。但是，如果你愿意成为一位基督教徒，不再与我的人民为敌的话，我愿意让你重获自由。"

　　"阿尔弗雷德国王，"古斯鲁姆说，"我愿意成为一位基督教徒，如果您也愿意赐给我所有的人以自由，他们也愿意成为基督教徒。从今以后，我们就是您的朋友了。"

　　阿尔弗雷德释放了丹麦人，他们都接受洗礼，成了基督教徒。

　　一条从伦敦到切斯特，贯穿英格兰的古道，被议定为丹麦人和撒克逊人两个王国的边界。丹麦人定居在东安格利亚，这是人们对英格兰东部的称呼。

　　阿尔弗雷德的王国获得了多年的和平和繁荣。在这些年中，这位国王重建了被丹麦人损毁的城镇，建立起新的要塞，极大地加强了他的军队和海军的力量。

　　他还鼓励贸易，像查理曼大帝一样，创立了一所学校。他自己将许多拉丁文书籍翻译成撒克逊文，极有可能的是，他比以往任何一位英格兰国王在教育事业方面投入的都要更多。

第十六章　捕鸟者亨利

一

　　查理曼大帝去世后一百年左右，他的庞大帝国便土崩瓦解了。现在，有7位国王在他曾经统治的地方发号施令。

　　在莱茵河西部，德意志人居住的地方，查理曼大帝的最后一位子孙还未成年就去世了。德意志的贵族不愿意让任何外来的王子统治他们，然而，他们看到，自己必须联合起来才能抵御被称作马扎尔人的蛮族的入侵。因此，他们聚在一起，选举法兰克尼亚公爵康拉德为他们的国王。

　　不过，虽然康拉德在名义上成了国王，但是他却从未拥有过可以凌驾于他的贵族之上的权力。其中一些人甚至拒绝承认他为国王，他的统治被争吵和战争所干扰。他于公元919年去世，弥留之际，对他的弟弟说："萨克森公爵亨利是帝国内最具才干的统治者。如果选举他为国王，德意志就会拥有和平。"

　　康拉德死后几个月，贵族们在亚琛相聚，选举亨利做了他们的国王。

当时在欧洲，用猎鹰捕捉诸如野鸭、山鹑等各种各样的鸟类是一种风俗。猎鹰就是用于捕猎的长着很长的翅膀的鸟，与鹰很像。主人们训练它们栖息在自己的腕部，让它们耐心地等待着，直到允许它们飞起来。随后它们会迅速地扑向猎物，将它扑在地上。亨利非常喜爱驯鹰，因此以"捕鸟者亨利"或"驯鹰者亨利"著称。

在他被其他公爵选为国王后，立即有一位信使被派去萨克森通知他，国王的荣耀已经属于他了。找了几天后，人们才找到他，他当时远在哈茨山上，正带着他的猎鹰打猎呢。信使在他面前跪下，说：

"撒克森的亨利，上帝保佑您。我来宣布康拉德国王的死讯和通知您，贵族们已经选举您为他的继承人，做德意志人的国王。"

一时间，这位公爵惊愕得说不出话来。接着，他大喊道：

"选举我做国王？真让人难以置信。我是个萨克森人，康拉德国王不仅是个法兰克人，还是我的死敌呢。"

"这是真的，"信使回答，"康拉德在弥留之际，建议贵族们选举您作为他的继承者。"

德意志的王冠被授给捕鸟者亨利

亨利沉默了一会儿，然后说："康拉德国王是个好人。我现在知道了。我很抱歉，在他健在时不能更好地了解他。我接受大家的美意，我祈祷能够在上天的指引下管理这个民族。"

随后，捕鸟者亨利离开狩猎的地方，开始承担起作为德意志国王的职责。

二

在一个适当的时间，亨利被宣布为德意志国王。但他还没坐稳国王宝座，这个国家就受到了来自今天的匈牙利的成千上万马扎尔人的入侵。

亨利立即以最快的速度召集起一支军队，率领他们前去抵御这些野蛮人。他遇到了由马扎尔国王的儿子指挥的一小股军队。德意志人轻而易举地便打垮了马扎尔人，俘虏了国王的儿子。

这被证实是一件非常幸运的事情，因为它让战争停止了很长一段时间。当马扎尔国王得知他的儿子成了俘虏，正落在亨利国王的手里时，便悲痛欲绝。他日夜为他的儿子哀痛，最后派一位马扎尔首领带着休战旗去了德意志人的营地，恳求释放他的儿子。

"我们国王说，只要您愿意释放他的儿子，他可以满足您的一切要求。"这位首领对德意志国王说。

"我只有一个条件，"亨利回答，"马扎尔人必须立刻离开德意志的土地，答应九年之内不再与我们发生战争，否则，我就不放王子。在这九年内，我每年都会向马扎尔国王支付 5000 条黄金。"

"我以国王的名义接受您的条件。"首领答道。王子因此被释放，马扎尔人如约撤兵。

在休战的九年内，亨利国王对军队的组织给予了极大的关注。在此之前，德意志士兵主要靠步行参战，而不像马扎尔人一样骑在马上作战。因为这个原因，他们在战争中经常处于不利的境地。国王现在培养了一支强大的骑兵，使他们接受全面的训练，他们几乎成为战无不胜、攻无不克的军队了。同时，步兵也受到了严格的训练。

除此之外，亨利还在王国的不同地方修建了很多堡垒，使那些得到加固的城市更加坚固。

接下来的一年，那位马扎尔首领出现在了德意志人的宫廷，要求第十次付款。

"再没有一根金条给你们了，"亨利回答，"我们的休战已经结束。"

不出一周，一支庞大的马扎尔军队便进入了德意志，烽烟再起。亨利令他的军队坚守不动，直到野蛮人因为缺粮而被迫兵分两路，他们挺进到这个国家不同的地方。

亨利彻底地打垮了这两支军队，马扎尔人在德意志境内的势力被瓦解了。

丹麦人也侵入了亨利的王国，但是也被他打败，赶了回去。

　　亨利在位十八年。他去世的时候，整个德意志都处于和平和繁荣之中。他的儿子奥托继承了王位。他采用了"皇帝"的称号，这是查理曼大帝一百多年前曾经使用的。

　　从那时起，在将近一千年的时间里，所有的德意志皇帝都声称是查理曼大帝的继承者。他们称呼他们的领土为"神圣罗马帝国"，采用"皇帝"或者"罗马帝国的皇帝"的称号，直至1806年，弗朗西斯二世才放弃了这一称呼。

第十七章　克努特大帝

一

也许你还记得，丹麦人在阿尔弗雷德时代占领了英格兰的东部和北部。阿尔弗雷德的继承者们将他们驱赶到更加靠北的地方，最终，丹麦人在英格兰建立的王国一度走到了尽头。

但是，在丹麦的丹麦人没有忘记，那里曾经存在着这样一个王国，1013 年，丹麦国王斯温侵入英格兰，打败了盎格鲁 - 撒克逊人，他们的国王埃塞雷德（公元 978-1013 年与 1014-1016 年两度在位）逃到诺曼底。

斯温宣称他自己为英格兰的国王，但是，他不久就死了，他的儿子克努特继承了他的王位。克努特当时只有 19 岁。在同盎格鲁 - 撒克逊人打仗的时候，他与父亲并肩作战，这样，作为一名士兵，他得到了出色的历练。

斯温死后，一些盎格鲁 - 撒克逊人重新召回他们的国王埃塞雷德，起来反对丹麦人。

为此，克努特去了丹麦，在那里聚集起一支有史以来由丹麦人构成的最为庞大的军队。率领着这支强大的军队，他渡海前往英格兰。当他在诺森伯兰登陆的时候，威塞克斯便承认了他为国王。此后不久，埃塞雷德去世了。

丹麦人起航去侵略英格兰

克努特便认为，占领整个英格兰易如反掌。然而，不久，他这种想法就被证明是错误的。

埃塞雷德留下了一个儿子，被称作铁甲王埃德蒙，他是位非常勇敢的战士。在父亲死后，他成为英格兰的撒克逊国王，并立即召集起一支军队捍卫他的王国。双方打了一仗，埃德蒙获胜。这是一年之内 5 次战斗中的第一次。在 5 次战斗中，丹麦人均未能占到半点便宜。

然而，由于叛徒的出卖，撒克逊人最终在第 6 次战斗中被打败。这个叛徒叫埃德里克，是位撒克逊贵族。他将所部撤出了战斗，他的叛变行为削弱了撒克逊的军队，致使铁甲王埃德蒙不得不向克努特投降。

但是，这位年轻的丹麦国王对埃德蒙在战斗中以寡敌众的表现很是钦佩，因此，他对他做到了尽可能的宽厚。克努特只占领了英格兰的一些地方，剩下的都留给了铁甲王埃德蒙。

这样，在短期内，盎格鲁 - 撒克逊人同时拥有丹麦国王和一位撒克逊国王两位国王。

<h2 style="text-align:center">二</h2>

埃蒙德在 1016 年去世，他死后，克努特成了唯一的统治者。

他治国有方，决心让盎格鲁 - 撒克逊人忘记他的外国征服者的身份。为了显示对他们的信任，他把自己从海路带来的军队遣回丹麦，只保留一部分舰队和一小股士兵，作为王宫的护卫。

他现在依靠盎格鲁 - 撒克逊人的支持，赢得了他们的拥戴和热爱。

作为国王——通常认为所有的国王都喜欢阿谀奉承——克努特训斥了奉承他的廷臣。有一次，当他们谈论他的功绩的时候，其中的一个人对他说：

克努特训斥他的廷臣

"最高贵的国王，我相信您能做任何事情。"

克努特为了这些话，严厉训斥了这位廷臣，接着说：

"先生们，请跟我来。"

他领着他们从宫殿来到正在涨潮的海岸上，命人把他的椅子放在水边。

　　"你说我可以做任何事情，"他对廷臣们说，"说得好，作为国王和海洋的领主，我现在命令这些上涨的潮水退回去，不要弄湿了我的脚。"

　　但是，潮水丝毫不听他的使唤，持续不停地上涨，直到国王的双脚都浸在了水里。克努特转向他的廷臣，说：

　　"知道凡间国王们的权力到底有多微弱了吧。除了上天、大地和海洋都遵从的这个人，没有人配得上国王的名字。"

　　在克努特统治期间，英格兰享受着和平和繁荣的局面，英格兰人一直都怀着对他的美好记忆。

第十八章　熙德

一个阳光明媚的午后，21 位骑士正骑着马沿着西班牙北部的大路前行。在路过一处深泥潭的时候，他们听到了凌厉的呼救声，转过身，发现一位可怜的麻风病人正陷在泥淖中。其中一位年轻英俊的骑士从马上下来，将这个可怜的家伙救出，还把他放在自己的马上。就这样，两人一同骑着马去了旅馆。其他骑士都感到很奇怪。

当到达即将过夜的旅馆时，他们更加好奇，因为他们的同伴在桌上给了麻风病人一个很靠近他的座位。晚饭后，这位骑士还同麻风病人睡到了一张床上。如果骑士不这么做，麻风病人就会被赶出小镇，既没有东西吃，又没有地方睡。在午夜时，这位年轻人已经睡熟了，麻风病人在他的背上吸了一口气。这个举动弄醒了骑士，他迅速地从床上转过身，发现麻风病人已经走了。

这位骑士要来一盏灯，开始寻找，但一无所获。在他对发生的事情感到好奇的时候，一位穿着浑身发光的衣服的男子出现在他的面前，说："罗德里戈，你睡着了还是醒着呢？"骑士回答：

"我醒着呢，您是谁，能带来如此的光明？"那个幻影回答："我是圣拉撒路，你善待过的那个麻风病人。我已经在你身上吸了一口气，你可以完成任何你承担的和平或者战争使命。一切都会给你以荣誉。因此，要继续和永远行善事。"

说完这些，幻影便消失了。

圣拉撒路的承诺都变成了现实。一段时间以后，年轻的罗德里戈成为西班牙的大英雄。西班牙人称呼他为"坎贝多尔"，或者"捍卫者"。萨拉森人称呼他为"熙德"，或者领主。他的真名是罗德里戈·迪亚兹·德·维瓦尔，但是，人们通常称呼他为"熙德"。

阿拉里克死后，哥特人从罗马人手中夺取了西班牙。萨拉森人，或者人们通常说的摩尔人，从非洲渡海转而从哥特人手中又将西班牙夺走。在查理·马特时代，哥特人除了北部的一小片山区外，已经丧失了对西班牙其他地方的控制。在熙德时代，哥特人，也就是现在的西班牙人，将摩尔人赶到了西班牙中部一带。战争在两个种族间一直持续着，许多人在战斗中度过一生。这个国家的西班牙部分当时由卡斯提尔、莱昂、阿拉贡和其他王国构成。

熙德是卡斯提尔国王费尔南多的国民。费尔南多同阿拉贡国王就双方都认领过的一个城市发生争论。他们同意双方各自挑选一位战士，通过格斗来解决这件事。获胜一方的国王可以拥有这座城市。费尔南多挑选了熙德，虽然另一方的战士被称为西班牙最勇敢的骑士，但是，年轻的熙德还是击败了他。

　　当费尔南多的儿子阿方索继承王位后，对熙德很不满，也没有正当的理由，不久，他把便熙德从信仰基督教的西班牙驱逐出去了。

　　熙德缺少盘缠，因此，他用沙子填满了两个箱子，并捎话给两位富有的放高利贷者，他希望借 600 西班牙马克（大约 2000 美元），他愿意把放在两个箱子里的金银财宝交给他们看管，但是，放高利贷者必须庄严宣誓，一年之内不能打开箱子。他们很高兴地同意了这件事，带走了箱子，借给熙德 600 马克。

　　熙德开始了他的旅程。他的 300 名骑士同他一起遭到了驱逐。他们穿过高山，进入了摩尔人的领地。不久，他们抵达了阿尔科塞尔城，稍加围攻，便夺取了这个地方，在那里居住了下来。

　　后来，巴伦西亚的摩尔人国王命令他的两个首领带领 3000 名骑兵重新夺取这座城，并把熙德活捉过来。

　　因此，熙德和他的人被封在了阿尔科塞尔并被包围了起来。饥饿威胁着他们，他们决心从摩尔人的军队中杀出一条血路。他们以迅雷不及掩耳之势从阿尔科塞尔的城门涌出，一场恶战打响了。通过战斗，那两个摩尔人首领成为俘虏，1300 名士兵被杀。熙德接着成为萨拉戈萨的摩尔国王的封臣。

　　不久，阿方索把熙德重新召回，封给他 7 个城堡和与城堡毗邻的土地。他需要熙德助他完成反对摩尔人的大计。他决心夺取托莱多。他率领一支由许多国外士兵组成的大军，对这座城市发动了进攻。熙德据说是这支军队的指挥官。经过长期的围困之后，

托莱多的桥

他们攻占了这座城市，胜利之师穿过摩尔人修建的那座重要的大桥，直到今天，如果你去托莱多，还可以从它上面走过。

巴伦西亚是摩尔人控制的西班牙最大和最富的城市之一，城防坚固，但是，熙德决心攻取它。

这座城市周围的平原都是用从附近山上流下来的溪水灌溉的。为了防止熙德的军队靠近这座城市，萨拉森人淹没了这里的平原。但是，熙德把营地安扎在了高出平原的地方，并从那里包围了这座城市。巴伦西亚内的食物变得非常短缺。小麦、大麦和奶酪都很昂贵，只有富人才买得起。人们吃马肉、狗肉、猫肉和老鼠肉，直到整个城市剩下3匹马和1头骡子还活着。

后来，在1094年6月15日，巴伦西亚的总督来到熙德的营地，将城里的钥匙交给了他。熙德把他的人安排进所有的要塞，把城堡作为自己居住的地方。他的旗帜在塔尖上随风飘扬。他称自己为巴伦西亚亲王。

当摩洛哥国王听说这件事后，招募了一支5万人的军队。他们从非洲来到西班牙，对巴伦西亚实施包围。但是，熙德和他的人发起突击，不仅击溃了他们，还追出了好几英里远。据说1.5万名士兵在试图渡过瓜达基维尔河的时候溺水身亡。

熙德现在达到了他权力的巅峰，生活条件大为改观。他做的第一批事情之一就是偿还借给他600马克的两位朋友。他对待成为他臣民的萨拉森人友善而公正。他们被允许保留他们的清真寺，崇拜他们认为正确的神明。

随着时间的推移，熙德的健康每况愈下。他再也无法亲自率领军队打仗了。他派遣一支军队抗击摩尔人，结果被彻底打败，只有几个人逃回报信。据一位摩尔人作家的记述，"当逃亡者来到熙德面前的时候，他盛怒而死（于1099年）"。

有一个传说，他死前不久，看到了圣彼得的幻影，圣彼得告诉他，死后应该赢一场针对萨拉森人的胜利。

因此，熙德下令，把他的遗体做防腐处理。它被保存得非常好，以至于看起来像熙德活着一样。它被穿上铠甲，一把助他赢了许多次战斗的宝剑被放在它手中。接着，它被放上了熙德最喜爱的战马，固定在马鞍上，在午夜，被带出巴伦西亚的城门，身后跟着1000名骑士。

他们悄悄地来到摩尔国王和他的36位首领安营扎寨的地方，

黎明时分，熙德的骑士发动了突然进攻。摩尔国王从梦中惊醒。在他看来，有整整 7 万名骑士朝他冲过来，所有的人都穿着雪白的袍子，在他们前面，有一位骑马的骑士，比所有人都高大伟岸，他左手持一面雪白的旗帜，右手持一把燃着的宝剑。这位摩尔人首领和他的人见状都很害怕，纷纷逃进海里，其中有 2 万人在试图逃进他们的船里时被淹死了。

在熙德的墓旁，有一句用拉丁语写的碑文，现将它翻译如下：

勇敢而不可征服，百胜而闻名遐迩，

这墓穴中安睡着罗德里戈·维瓦尔。

第十九章　忏悔者爱德华

一

克努特以后的丹麦国王都不像他。他们是残忍、不公正的统治者，所有的英格兰人都憎恨他们。因此，1042 年，当他们中的最后一位去世时，撒克逊埃塞雷德的儿子爱德华便被选为国王。

他就是历史上著名的忏悔者爱德华。他是一位过着圣洁生活的人，死后被教会追封为圣徒，赐以"忏悔者"的称号。虽然出生在英格兰，但是，他一生的大部分时光都是在诺曼底以流亡者的身份度过的。从诺曼底返回英格兰做国王的时候，他已经 38 岁了。

由于在诺曼底生活的时间很长，他看起来一直更像是个诺曼人。他一般情况下说法语，在其王国中，他选中许多诺曼人做高官。

他统治的前八年里，王国呈现出一片完美的太平景象，只有肯特和艾塞克斯两个郡偶尔会遇到北海海盗的进攻。

这些海盗大都是挪威人，他们的首领是位名叫肯德里克的野

出现在肯特郡海岸的挪威海盗

蛮人。他们会乘坐许多船只来扫荡肯特郡的海岸，在没有士兵驻守的地方登陆，然后进攻城镇，实施劫掠。接着，就像以迅雷不及掩耳之势到来一样，在可能会被捕到之前，他们便返航回家了。

一天，肯德里克的舰队抵达了海岸，岸上看不到任何有军队驻守的迹象，海盗们登陆后，开始朝着最近的城镇进发，去打家劫舍。

通过急行军，一支英格兰队伍抢先到达这座城镇，当海盗赶到的时候，他们发现一支强大的军队已经集结起来，准备向他们开战。短暂的交锋之后，超过一半的海盗被打死，剩余的都成为了俘虏。

把这些俘虏处置妥当之后，驻扎在海岸上的英格兰船只进攻了海盗的舰队，将它们全部摧毁。

二

五百年后，莎士比亚创作的著名悲剧《麦克白斯》中就有爱德华的身影。

在他统治时期，苏格兰生活着一位名叫麦克白的野心勃勃的贵族，他邀请苏格兰国王邓肯（即邓肯一世，生于1001年，1034-1040年在位）到他的城堡，将他杀害。他试图伪造凶手就是邓肯的侍从，并导致国王的儿子和继承人马尔科姆外出逃亡。接着，他自封为苏格兰的国王。

马尔科姆逃到英格兰，恳求爱德华国王出手相助。

当这位国王被告知马尔科姆急需士兵的人数时，他下令又追加了一倍，让他们进军苏格兰。马尔科姆带着援军向麦克白发起进攻，经过几次漂亮的战斗，把篡权者赶出苏格兰，夺回了王位。

爱德华在统治期间，做了很多事情，用以资助基督教事业。他重建了伦敦的古威斯敏斯特教堂，在英格兰各地修建起教堂和修道院。

爱德华长久以来被认为制定了许多公正的法律条文，他死后多年，当英格兰人遭遇不良政府的时候，便会大喊："哎呀，忏悔者爱德华的健全的法律和习俗哪儿去了呢！"他实际上做的就是让旧有的法律条文能够得到忠实的执行。

他1066年去世，被埋葬在威斯敏斯特教堂。

第二十章　征服者威廉

一

忏悔者爱德华一死，英格兰的王位便被诺曼底公爵威廉给夺了过来。

爱德华在英格兰被丹麦人征服后，曾逃到诺曼底避难，一直住在威廉的王宫里，并得到很好的招待。威廉说，爱德华满怀感激地承诺，威廉应该继承他做英格兰的国王。

1066 年的一天，当威廉率领一众廷臣在鲁昂附近的树林中打猎时，一位贵族急匆匆地骑着马朝他奔来，大喊道："殿下，英格兰的信使已经到达，带来消息说，爱德华国王已经去世，高德温伯爵（爱德华的岳父）的儿子哈罗德（1022-1066 年）被扶上了英格兰王位。"

威廉立刻把贵族召集起来，对他们说："我必须获得你们的准许，用武力夺回英格兰的王位。"

贵族们都同意了。随后，一支 6 万人的军队被集结起来，一

哈罗德收到诺曼人入侵的消息

支庞大的舰队也被建造出来，用于运送这支军队穿过英吉利海峡。

在数月的准备期间，威廉派遣了一位特使去英格兰宫廷，要求哈罗德放弃王位。哈罗德拒绝了。

不久，整个英格兰都被威廉已经率领一支大军在英格兰海岸的黑斯廷斯港口登陆的消息给震惊了。

哈罗德立即以最快的速度从北方赶往南部海岸。大约一周时间，他到达一处被称作森拉克的地方，此处距离黑斯廷斯 9 英里，与诺曼人军队安营扎寨的城镇相邻。他在一排低矮的小山上找了个有利位置，等待威廉发动进攻。他的人因为长途跋涉而疲惫不堪，但是，他鼓励他们，命令他们准备战斗。

1066 年 10 月 14 日的早晨，两支军队相遇。诺曼人的步兵通过冲击英格兰人防御用的栅栏而打响了战斗。他们冲过平原，来到小山上，以最大的声音唱着战歌。但是，他们尽管尝试了一次又一次，就是挪不走那些栅栏。因此，他们进攻了英格兰军队的另一部。

全副武装的威廉处在战斗的最前沿，督促军队向前进攻。在他军中，一度有人大喊他被打死，还引起不小的恐慌。威廉脱下自己的头盔，骑马在队列前来回走着，高喊道："我还活着！我还活着！继续战斗！我们必将胜利！"

惨烈的战斗从早打到晚。哈罗德自己步行战斗在他队伍的前面，表现得无比英勇。他的人虽因急行军而疲惫不堪，仍然时刻在勇敢地战斗。

但是，威廉最终改变了队形，使哈罗德的军队乱作一团。太阳落山的时候，哈罗德战死，他的人放弃了战斗。

威廉从黑斯廷斯向伦敦进军。在前进的过程中，他接受了一些城镇的投降，把其他不想投降的都烧掉了。伦敦表示顺从，一些贵族和市民走向前来，将英格兰王冠送给了诺曼底公爵。

1066 年 12 月 25 日，"征服者"——他一直被这么称呼——在威斯敏斯特教堂接受了大主教埃尔德雷德的加冕。英格兰人和诺曼人都在现场。大主教提出："你们愿意让诺曼底公爵威廉做你们的国王吗？"所有在场的人都回答："我们愿意。"

二

起初，威廉统治英格兰的时候比较克制。法律条文和习俗都没有什么改变，几个月后，经过黑斯廷斯一战，英格兰的局势稳定了下来，威廉让他的弟弟代行职权，他自己则回了一趟诺曼底。

在他离开期间，很多英格兰贵族站出来反对他，他回来之后，便制定了严厉的法律条文，做了一些非常残酷的事情。他让大量的土地闲置起来，捣毁那里的所有房屋，致使几千人因为粮食和居所的匮乏而被饿死，因为那里的人民没有对他宣誓效忠。

他制定一条法律，规定每天晚上八点过后，所有的灯都要熄掉，火也要用灰覆盖，促使人们必须在那个时候入睡。在英格兰的所有城镇里，都要靠鸣钟报时。这座钟被称作"晚钟（curfew）"，它来自法语词汇"宵禁令"（couvre feu），意思是把火扑灭。

他大力调查英格兰的土地和它们的所有者，以便每个人都纳税，他在所有的城镇都任命了官员，用来汇报那里的地产、它们的所有者以及它们的价值。汇报记录被抄写成两卷，称为"末日审判书"。这份记录表明，英格兰当时拥有 150 多万人口。

威廉对苏格兰开战，将其征服。在同法兰西国王的一次战争中，芒特城被威廉的士兵一把火给烧毁了。当威廉骑马来到废墟

征服者威廉之死

上的时候，马忽然失足，将威廉甩到了地上。他受了伤，被送到
鲁昂，在那里卧床六周。在人生最后的时光，他的儿子们甚至侍
从们都抛弃了他。据说，垂死挣扎的时候，他从床上掉到了地上，
遗体是被几个仆人发现的。

第二十一章　隐士彼得

中世纪的时候，欧洲的基督教徒常常去"圣地"（指巴勒斯坦一带）拜访基督墓和其他神圣的地方。那些做出这种旅行的人被称作"朝圣者"。

每年，数千朝圣者——国王、贵族和下层百姓——都去圣地朝拜。

然而，当时耶路撒冷掌握在统治巴格达的阿拉伯哈里发手中，基督教的朝圣者通常都会得到很好的对待。大约1070年后，土耳其人夺取了耶路撒冷，暴行便频繁地发生，对基督教徒来说，朝拜救世主的墓看似一点儿都不安全。

大约1095年，法国亚眠居住着一位修道士，名叫隐士彼得。

当教皇乌尔班二世（生于1035年，1088-1099年在位）在法国克勒芒宗教大会上发表那场激动人心的演说的时候，彼得正出席此会议。他恳求人们从伊斯兰教徒手中拯救圣墓大教堂和其他圣址。

参会人员受他话语的煽动，爆发出大声的哭喊："神的意旨！

神的意旨！"

"的确是神的意旨，"教皇说，"遇到敌人时，让这些话成为你们战场上的呐喊吧。"

彼得聚精会神地聆听着。大会结束后，他立刻鼓动发起一场反对土耳其人的战争。他留着光头，光着双脚，身穿一袭又长又粗糙、用绳子系在腰间的袍子，在意大利骑着一头毛驴，从一个城市来到另一个城市，在教堂、街上——任何有听众的地方，进行鼓吹。

彼得走遍意大利之后，穿越阿尔卑斯山，去向法兰西人、德意志人和邻近国家鼓吹对伊斯兰教徒的战争。每到一处，他都能点燃人们的热情，许多人作为十字架的捍卫者应征入伍。

这样，著名的"十字军东征"或者"十字架之战"7次战争中的第一次就爆发了，为的是从伊斯兰教徒手中拯救圣地。

隐士彼得鼓吹第一次十字军东征

　　据说，有超过 10 万名男女老少加入了第一次十字军东征。每个人都在右肩膀上佩戴着十字标记。

　　彼得负责指挥这支大军中的一部分人。他的追随者带着欢乐和赞美之声开启了他们的路程。

　　但是，他们没有充足的口粮，因此，当他们经过匈牙利的时候，便对当地的城镇实施了劫掠，迫使当地人为他们提供给养。这种行为激起了匈牙利人的愤怒。他们袭击十字军战士，杀死了其中的许多人。

　　在长时间的耽搁之后，其中的 7000 人到达了君士坦丁堡。他们仍然充满热情，发出他们的战吼"神的旨意"，他们的热情与刚加入彼得的麾下时相比，丝毫未减。

　　离开君士坦丁堡，他们向东进入土耳其人的领土。一支由苏丹率领的强大军队与他们相遇。十字军战士虽然整天都在英勇作战，但是，最终却被打得惨败。只有少数人逃脱，找到了返回君士坦丁堡的路。

　　隐士彼得在战斗前就离开十字军战士，返回了君士坦丁堡。他后来加入了布永的戈弗雷的军队。戈弗雷的军队由 6 个师组成，每个师由一位军衔和荣誉很高的军人指挥。这是一支组织良好、纪律严明的队伍，有大约 50 万人。

　　这支军队只比隐士彼得的杂牌军晚出发数周，实际上是第一支十字军军队，因为彼得的纪律性很差的乌合之众很难称得上是一支军队。

经过长途跋涉之后，戈弗雷到达了安条克，把它包围起来。

人们都认为这个穆斯林要塞可以在短时间内被攻克。但是，这个城市却抵抗了基督教军队的进攻七个月之久。后来，它才投降。

现在，发生了一件任何十字军战士都没有想到过的事情。一支20万人的波斯军队赶来救援穆斯林。他们包围了安条克，把十字军战士困在城墙内数周。然而，经过多次交战，并付出大量的伤亡之后，才最终将土耳其和波斯的军队逐走。

现在，通往耶路撒冷的道路打通了。但是，从欧洲出发的50万十字军战士还剩下不足5万人。他们赢得了朝圣之路，但付出了可怕的代价。

他们怀揣一颗勇敢的心，继续前进，直到夏日的一个阳光明媚的早上，他们在远处捕捉到了这座圣城的第一缕光芒。整整两

十字军战士进入耶路撒冷

年了，他们长途跋涉，历尽艰辛，为的就是能到达耶路撒冷。现在，它就矗立在他们眼前。

但是，这座城市仍在穆斯林手中。十字军战士对它实施五个多星期的包围，最终于1099年7月15日迫使土耳其人投降。穆斯林的旗帜被拽下来，十字架的旗帜飘在了圣城上空。

基督教徒占领耶路撒冷几天后，布永的戈弗雷被选为圣地的国王。

"我接受这一岗位，"他说，"但是，我不想戴王冠，也不想被称为国王。我不能在基督戴荆棘王冠的地方戴金质王冠，也不能在曾经生活着众王之王的地方被称为国王。"

隐士彼得据说在橄榄山上做了一次动人的鼓动。然而，他并没有在耶路撒冷待很久，在攻占这座城市不久，就返回了欧洲。他在法国创立一座修道院，并在修道院中度过了余生。

第二十二章　弗雷德里克大帝

一

弗雷德里克一世是德意志皇帝中最著名的一位。他身材高大，体格健壮，仪表堂堂。他蓄着红色的长胡子，人们因此都称他为巴巴罗萨，或者红胡子。他于1152年登上帝位。

当时，意大利北部的伦巴底省就是德意志帝国领土的一部分。

1158年，伦巴底的主要城市米兰爆发起义。接着，一支10万人的德意志大军越过阿尔卑斯山前来镇压，他们的首领就是弗雷德里克。经过长期的包围，这座城市投降了。

但是，不久它再次爆发起义。皇帝再次包围了它，它也再次投降。它的防御工事被捣毁，许多建筑物也遭到破坏。

但是，即使这样，伦巴底人的精神也没有被摧垮。米兰与伦巴第的其他城市结合成一个联盟，向皇帝挑战。他号召德意志公爵们带他们的人前来助战。他们中除了萨克森公爵、弗雷德里克的表兄、被弗雷德里克封为巴伐利亚公爵的猛狮亨利外，都做出

了积极响应。弗雷德里克
据说都跪下请求亨利尽尽
义务了，但亨利仍然无动
于衷。

在这次镇压伦巴底人
的战斗中，弗雷德里克未
能获胜。他的军队遭遇惨

弗雷德里克跪在猛狮亨利脚下

败，他被迫赋予伦巴底的所有城市自由。每个人都指责猛狮亨利。
其他公爵指控他叛国，他被传唤参加贵族会议，但未能前来。贵
族们因此宣称他有罪，剥夺了他拥有的一切，只留下他从父亲那
里继承下来的土地。

弗雷德里克现在致力于使
德意志成为一个统一的国家。
他的两个贵族已经争吵了很长
一段时间，作为对他们这种行
为的惩罚，每个人都被判处带
着他的 10 位伯爵和男爵，肩
膀上扛着狗一个国家接一个国
家地游行。

贵族们扛着狗游行

弗雷德里克最终成功地确保了德意志不同省份的贵族都能彼
此和平相处，说服他们为了整个帝国的利益一起工作。他与他们
之间不再有麻烦，许多年内，他的统治安定又繁荣。

二

在基督教徒控制耶路撒冷八十八年后，这座城市于1187年重新被著名的萨拉丁领导穆斯林夺了回去。这件事给基督教世界很大的刺激，教皇宣布再一次进行十字军东征。

弗雷德里克立即在德意志帝国招募了一支15万人的十字军，向巴勒斯坦进发。

他挺进到小亚细亚，进攻了穆斯林的军队，在两次重要战斗中打败了他们。

但是，在这位勇敢年迈的武士到达宗教圣地之前，他的事业突然就走到了尽头。一天，他的军队正穿过小亚细亚一条河上的一座小桥。当时，桥上挤满了军队，弗雷德里克快速骑马赶了上来。

他没耐心加入正在率领先头部队的儿子。当他发现自己不能立刻通过这座桥的时候，就把马赶入河中，试图游过去。结果，连人带马都被湍急的水流卷走了。巴巴罗萨的重甲使得他在水中行动不便，最后被溺死。他的尸体被找回后，被埋葬在安条克。

红胡子的弗雷德里克大帝为他的人民所深深爱戴着，据说，"在德意志人的心目中，德意志和弗雷德里克·巴巴罗萨是一体的"。他的去世在德意志的十字军中造成了巨大的悲痛。他们现在已无心抗击异教徒，大部分人立刻就返回了德意志。

在帝国内，死去的英雄受到人们长期的哀悼，许多年里，农夫们相信，弗雷德里克实际上并没有死，只不过在德意志的一个山洞里睡着了，身边围绕着他勇敢的骑士。他被认为坐在皇帝的宝座上，头戴王冠，眼睛半合而睡，他的胡子像雪一样白，长得垂到地面上。

"当乌鸦停止环山而飞的时候，"传奇中说，"巴巴罗萨就会醒来，把德意志恢复到它古时候的伟大局面。"

第二十三章　亨利二世和他的儿子们

一

1154 年，当巴巴罗萨在德意志做皇帝的时候，英格兰历史上最伟大的君主之一亨利二世登上了王位。

亨利是法兰西安茹伯爵杰弗里·金雀花和征服者威廉的孙女，也就是亨利一世国王的女儿玛蒂尔达的儿子。杰弗里伯爵喜欢在他的帽子上插上一枝金雀儿属植物，这种植物在拉丁文中被称作金雀花。从中，他采用了金雀花这个名字，那些继承他统治英格兰达三百多年的国王们均被称作金雀花王朝的一员。

亨利二世在法国继承了大片的领地，管理这片领地，再加上英格兰，使他变得非常忙碌。一个非常了解他的人说："他从未坐下过，从早忙到晚。"

他管理公共事务的主要助手是托马斯·贝克特，他让这个人做了首相。贝克特爱慕虚荣、穷奢极侈，日子过得甚至比国王更阔绰。

那个时候，神职人员几乎独立于国王之外。为了把他们置于自己的权威之下，亨利让贝克特担任坎特伯雷大主教，接着又让他成为英格兰教会的首领。国王期望贝克特能够贯彻他的意愿。

然而，贝克特拒绝按国王热切期望的那么做，他们之间发生了一场争吵。最终，为了躲避国王的盛怒，贝克特逃往法国，在那里待了六年。

此后，亨利邀请他返回了英格兰。然后，好景不长，先前的争吵再次发生。一天，正当亨利在法国逗留的时候，在身边围着一圈骑士的情况下，他爆发出瞬间的激情，大喊："难道没有人可以帮我清除这个强横的牧师吗？"

有四位骑士从他的愤怒的话语中明白，他渴望除掉贝克特，于是，他们便去英格兰，谋杀那个大主教。当他们遇到贝克特的时候，首先要求他按照国王的愿望去做事，但是，他坚决拒绝了。在当天黄昏，他们进入坎特伯雷大教堂，再次寻找他。"叛徒托

被谋杀的大主教

马斯·贝克特在哪里？"其中一个喊道。

贝克特勇敢地回答："本人在此——这里没有叛徒，只有一位上帝的牧师。"

当他说完，骑士们一拥而上，把他杀死了。

英格兰人为这种野蛮的谋杀感到惊恐。贝克特被称作殉道者，他的坟墓成了一处虔诚的参拜之地。教皇正式宣布他为圣徒，好多年里，他都是英格兰最受人尊敬的圣徒。

谋杀发生的时候，亨利国王正在诺曼底。他宣称，自己与此事没有任何干系，他还惩罚了杀人犯。

但是，从这个时候起，亨利有了很多麻烦。他的儿子们起来反对他，他的贵族们也变得不再友好，阴谋已经形成。亨利认为，上帝因为贝克特的死而在惩罚他，他决心去这位圣徒的墓地忏悔。

在离贝克特下葬的坎特伯雷大教堂还有一段路程的时候，他选择了光着头和脚走完剩下的路。到达后，他开始禁食，整天祈祷。第二天，他把鞭子放到大教堂内的修道士的手中，说："请在我跪在圣徒墓前的时候，用它鞭笞我。"修道士们按照他的吩咐做了，他咬着牙承受着疼痛。

亨利最终战胜了他的敌人，享受了几年的和平时光，在此期间，他致力于为英格兰做了很多好事。

然而，在他生命的最后一年，他再次遇到了麻烦。法兰西国王和亨利的儿子理查拿起武器反对他。亨利战败，被迫满足了他们的愿望。当看见加入法兰西国王阵营反对他的贵族名单时，他发现其中就有他最喜欢的儿子约翰的名字，他的心碎了。几天后，他就去世了。

二

亨利存活下来的最年长的儿子理查于 1190 年在威斯敏斯特教堂接受了加冕。他的封号是理查一世，但是他以"狮心王"更为人所熟知，这个名字缘自他的骁勇善战。他具有非凡的力量，他的英勇事迹在全国人民中流传。

有这样的一个人做他们的国王，英格兰人都致力于发扬骑士精神起来，在每一处战场，勇敢的人都在英勇的事迹方面相互竞争。骑士资格经常成为勇猛的奖励。后来，正如现在一样，骑士资格通常会由国王或者女王授予一个人。授予仪式的一部分是，君主用一把剑的剑背触碰跪着的受封士兵，说："起来吧，骑士爵士。"这被称作"受封仪式"。

受封仪式

理查接受加冕后，没有在英格兰待多久。1191 年，他同法兰西国王腓力一起参加了十字军东征。

法兰西和英格兰的十字军战士加在一起有十多万人。他们航行至圣地，加入了在阿卡城前方扎营的一支基督教军队。围攻的基督教军队对于夺取这座城市感到绝望，但是得到增援后，他们重新获得了勇气。

狮心王现在践行着勇猛的事迹，这种事迹使得他在整个欧洲都享有盛名。他对萨拉森人来说，简直就是一种恐慌。在每次对阿卡发动的进攻中，他都身先士卒，当这座城市被占领的时候，他把自己获胜的旗帜插满城墙。

理查的威名在圣地给当地人造成了很大的恐慌，据说，穆斯林母亲会以把孩子送给狮心王来吓唬他们，让他们保持安静。

每天夜里，当十字军战士扎营的时候，传令官都会吹响小号，大喊三次："拯救圣墓大教堂！"十字军战士便下跪，说："阿门！"

狮心王理查与忠信的统治者萨拉丁进入耶路撒冷

萨拉森人的伟大领袖是萨拉丁，他是英雄主义的榜样。两位领袖之间，一个是基督教的捍卫者，另一个是伊斯兰教的捍卫者，在骑士功绩上展开了竞争。

恰好在一次战斗打响之前，理查骑马冲到萨拉森人的阵地上，勇敢地要求有人出来与他单独决斗。没有人对这种挑衅做出回应，因为最勇敢的萨拉森人也不敢与狮心王交手。

占领阿卡城后，理查夺取了阿斯卡隆。接着，他同萨拉丁达成了休战协定，通过协定基督教徒获得三年拜访圣城而不需要任何特免权的权利。

三

理查随即返航回国。然而，在行至的里雅斯特附近的亚得里亚海域时，他的船只失事了。为了到达英格兰，他被迫穿越他的死敌之一、奥地利公爵利奥波德的领地。因此，他把自己乔装打扮成一个刚从圣地归来的朝圣者。

但是，他因佩戴一枚昂贵的戒指而被人认出，利奥波德公爵把他当作俘虏关押在维也纳。在英格兰，他的人民都焦急地等待着他的归来，在过了好长一段时间，他还没有出现的时候，他们都伤心不已。有一个传说，一位忠诚的名叫勃朗德尔的侍从去寻找他，他扮作流浪歌手在欧洲中部行走数月，徒劳地搜寻他主人的消息。

终于有一天，勃朗德尔在理查被囚禁的城堡附近演唱一支他最爱听的歌曲的时候，他从一扇窗子中听到这首歌被人重复吟唱。他辨认出这就是理查的声音。从那扇窗户，理查告诉他，让英格兰人和欧洲人知道他被囚禁在哪里，这位歌手立即领命而去。

不久，欧洲人吃惊地获悉，基督教世界的伟大捍卫者、英格兰勇敢的理查被监禁了。勃朗德尔的故事极有可能不是真的，但英格兰想赎回理查却是真的，教皇也从中为他做了调停。最终双方同意支付一大笔金钱来换取他的自由。英格兰人很快支付了赎金，理查获释。

法兰西国王不喜欢理查，理查的弟弟约翰更甚。两人都为狮心王获得自由而感到不快。

约翰在他哥哥外出期间，负责掌管王国事务，他希望理查最好在利奥波德的监狱中度过余生。

理查一获释，法兰西国王便捎话给约翰："魔鬼又自由了。"当所有的英格兰人都敲响钟声，欢迎理查归来的时候，约翰却失望透顶。

四

理查死于 1199 年，他哥哥杰弗里的儿子亚瑟成了王位的合法继承人。然而，约翰却篡夺了王位，并将亚瑟投入监狱。有一个传说，他命人用烧红的铁器将亚瑟的双眼给弄出来。然而，狱

亚瑟王子向狱卒恳求

卒却因为这个少年向他乞求怜悯而饶恕了他。但是，亚瑟并没躲过他叔叔的魔掌。据说，一天夜晚，国王带他外出，乘坐一条小船来到塞纳河上，在那里把他杀掉，将他的尸体投进了河里。

约翰不但是英格兰的国王，同时还是诺曼底公爵，法兰西国王腓力召唤他去法国，对杀死亚瑟的罪行负责。约翰没有对召唤做出答复，这给了法兰西国王一个夺取诺曼底的借口。法兰西国王真的这样做了，就这样，这个重要的省份永远脱离了英格兰。在法兰西，除了阿基坦这个他母亲留给他的地方，再也没有东西留给约翰了。

约翰的政府是一个不公正而且专横的政府，主教和贵族们决心保卫他们和人民的权利。他们在一处叫作伦尼米德的平原集会，并在那里迫使约翰签署了著名的《英格兰大宪章》。

《英格兰大宪章》是所有君主赋予其人民的最有价值的宪章。其中，约翰国王确定了一个公正政府领导下人民拥有的所有权利，他承诺，任何人无论什么时候，都无权将这些权利从一个英格兰国王的臣民手中夺走。由于违背这项承诺，一位英格兰国王丧失了性命，另一位失去了北美殖民地。

《英格兰大宪章》于 1215 年签署，此后一年，国王约翰就去世了。他的儿子，亨利三世继承了他的王位。

约翰签署《英格兰大宪章》

第二十四章　路易九世

一

巴巴罗萨和狮心王理查的时代结束后，又出现了另一位重要的率领十字军东征的国王。他是腓力二世的孙子，被称为路易九世，他于 1226 年成为法国国王。当时，他只有 11 岁，因此，多年以来，一直由他的母亲替他管理这个王国。

亲政几年后，路易决定让他的弟弟阿方斯担任法国某个地方的总督。不料，这个地区的贵族反对阿方斯做他们的总督，并邀请英格兰的亨利三世（生于 1207 年，1216-1272 年在位）帮助他们起来反抗。

亨利率领一支军队横穿法国帮助叛乱的贵族。他是阿基坦和加斯科涅公爵，因此，尽管身为英国国

少年国王路易九世御赐救济品

王，为了自己在那个国家的财产，他不得不向法国国王效忠，一旦被召唤，他还必须为法国国王去打仗。

路易集合起一支军队，急匆匆地迎战英国军队。他把亨利从一个地方赶到另一个地方，直到最终迫使他缔结和平条约。那些邀请英国国王来法国的反叛贵族不久便宣誓对路易效忠，此后，他的王国几乎天下太平了。

一次，路易生了重病，奄奄一息。最终，他被认为生命垂危，他的妻子和主要官员聚在他的床边，等待最后时刻的到来。突然，他醒了过来，用一种虚弱的声音说："十字架！十字架！"

他们把十字架放在他的心口的位置，他满怀热情地抓着它。过了一会儿，他就睡着了。当他醒来的时候，看起来明显好多了。一两天之后，他就完全康复了。随后，他庄重起誓，为表示对康复的感激，自己愿意进行一次十字军东征以收复圣地。

路易生活的时代，每个人都满怀十字军东征精神。在他出生之前的几年，甚至法国和德国的孩子，都启程来了一次十字军东征。在历史上，他们被称作"儿童十字军"。几千人背井离乡，

儿童十字军

向地中海进军。他们认为，上帝会通过水路为他们打开一条通往圣地的道路。在穿越阿尔卑斯山的时候，其中的很多人都因寒冷和饥饿而死。一些人到了罗马，教皇接见了他们，让他们回家，并告诉他们，在长大成人之前，不要再想着十字军东征。

当路易召唤志愿者一起进行一次十字军东征的时候，当时的人们便成群结队地集聚在他的旗帜之下，原因就很好理解了。

几个月后，4万名十字军在地中海岸的一处法国港口集合。1248年8月，在一个阳光明媚的日子，他们登上战舰，准备启航。国王号召十字军战士，说："以上帝的名义歌唱。在我们起航远行的时候，为上帝的赞美欢呼。"很快地，从一艘船到另一艘船，对上帝赞美的欢呼从成千上万人的嘴里爆发出来，在这种大合唱中，舰队开启了航程。

十字军向埃及的杜姆亚特进发。路易急切地想登陆，以至于跳入没腰深的水中，冲到了岸上。他不费吹灰之力就夺取了这座城市。

他决心向埃及而非宗教圣地的穆斯林发动战争，因此，在离开杜姆亚特后，他向南部进军。

他推测，不会有强大的军队阻挡他的前进。然而，他错了，因为他向开罗推进不到40英里的时候，遇到了埃及苏丹率领的一支穆斯林军队的进攻。

双方展开了一场大战。十字军战士由路易国王指挥，在整个战斗中都极其勇猛，但是，他们的人数在数量上处于劣势。几千人被杀死，幸存者撤退至杜姆亚特。

　　穆斯林大军对他们穷追不舍，十字军被迫投降。离开法国时的4万人现在只剩下大约6000人。很多人都死于疾病和战斗。

　　路易国王也在俘虏之列，埃及苏丹同意在支付一大笔赎金的情况下释放他。

　　赎金支付后，路易同埃及苏丹之间达成了一项为期十年的停战协议，随后这位国王就离开了埃及。他接着去了圣地，用四年的时间来营救关押在穆斯林监狱中的十字军战士。

二

　　路易在圣地期间，他的母亲以摄政王身份管理法兰西。她死后，他立刻返回了法国，尽心竭力治理它。

　　1252年，他参与创建了索邦神学院，这是从圣路易（即查理九世）时代到法国大革命时期欧洲最为著名的神学院。

　　他睿智而公正地统治他的人民，在法兰西的众国王中，很难找得到比他更好，甚至一样好的

索邦神学院的创立

国王。他从不无理对待任何人，或者故意允许其他人这么做。

在他的王宫附近，有一棵巨大的橡树，它的枝干伸向四面八方，在夏日宜人的日子里，他常常会坐到它下面，在那里接待所有倾诉不满的人，无论贫富，他都一视同仁。每个前来的人都可以不受干扰地讲述他的故事。

他会在几个小时内耐心地倾听所有有关犯罪、困难和不幸的故事，他愿意做任何他可以做的，纠正那些人所遭受的不公正行为。

当基督教徒在巴勒斯坦遭受穆斯林更加残忍的迫害的消息传来时，路易再次招募一支十字军战士，启程前往突尼斯，尽管他身在病中，很虚弱——事实上，他病得很重，不得不被人用一副担架抬着走。一到突尼斯，他就遭到热病的侵袭，数日后便去世了。

在世界上，他作为圣路易的名声要比路易九世大得多，因为，他死后几年，教皇卜尼法斯八世鉴于他虔诚的生活和为从土耳其人手中拯救圣地而付出的努力正式宣布他为圣徒。

第二十五章　罗伯特·布鲁斯

一

苏格兰有史以来最著名的国王是罗伯特·布鲁斯，他生活在爱德华一世（即亨利三世之子，生于 1239 年，1272-1307 年在位）、爱德华二世（生于 1284 年，1307-1327 年在位）和爱德华三世（生于 1312 年，1327-1377 年在位）统治英格兰的时代。

在爱德华一世统治时期，苏格兰国王去世了，当时有 13 个人声称对王位拥有继承权。他们没有通过战争解决问题，而是请求爱德华的裁决。在爱德华接见苏格兰贵族和那些竞争对手时，每个人都认为自己第二天便可以戴上王冠了。爱德华告诉他们，他自己将会成为苏格兰的国王。随后，一支英格兰军队开了过来。那些贵族除了向爱德华下跪和承诺做他的臣民外，还能做些什么呢？他们这么做了，因此，苏格兰成为爱德华王国的一部分，其中一个苏格兰王位的竞争者贝利奥尔被任命为诸侯王。

此后一段时间，爱德华命令贝利奥尔招募一支军队，帮助他对付法国人。贝利奥尔拒绝了，因此，爱德华率领一支军队进入苏格兰，把他关进大牢。他决定，苏格兰将不再有他们自己的国王了。因此，他运走斯昆的圣石，所有苏格兰国王都要坐在它上面接受加冕，然后把它放在伦敦的威斯敏斯特教堂，时至今日仍然安放在那里。它就在英格兰君主常坐的椅子下面，这把椅子是英格兰、苏格兰和爱尔兰的国王加冕时坐的。据说，雅各正是晚上用这块石头做枕头，才在梦中看见天使从天梯上来回上下的。

爱德华认为，他已经拥有了圣石，贝利奥尔也被他投进了监狱，苏格兰就算被征服了。

但是，他任命的那些统治苏格兰的人都做得相当糟糕，几乎所有的人都心怀不满。一支苏格兰的军队以迅雷不及掩耳之势被招募起来，它由威廉·华莱士爵士（1270-1305 年）率领。华莱士是一名骑士，拥有巨人般的身材，他率领苏格兰人把英格兰人赶出了这个国家，他因此而被称为"王国守护者"。

随后，爱德华率领一支大军进攻他。苏格兰士兵几乎全都步行参战。华莱士把军队排成回字形——手持长矛者在外，弓箭手在内。英格兰骑兵徒劳地冲击由矛尖构成的防御墙。但是，爱德华国王将他的弓箭手带到了前线。箭如飞蝗，华莱士的人成千上万地倒地身亡。长矛阵被破，苏格兰人战败。华莱士只身逃走，后来被人出卖，爱德华用残忍的手段处死了他。

二

但是，苏格兰人知道了他们能做什么，他们在罗伯特·布鲁斯和约翰·科明的领导下仍然继续为自由而战。爱德华率领另一支大军前去镇压，他赢得了一场重要的胜利，贵族们再次宣誓听命于他。

但是，尽管曾宣誓效忠爱德华，布鲁斯执意要尽可能地解放苏格兰，赢得王冠。1306 年，他在斯昆的大教堂秘密地被加冕为苏格兰国王。

他对妻子说："从此以后，你就是王后，我就是我们国家的国王。"

"我害怕，"妻子说，"我们只是在扮演国王和王后，就像孩子们过家家。"

"不，我要郑重其事地成为国王。"布鲁斯说。

布鲁斯被加冕为王的消息鼓舞着整个苏格兰大地，人们纷纷拿起武器在他的领导下抗击英格兰人。但是，爱德华国王再次打败了苏格兰人，布鲁斯只身逃到了格兰屏山上。

有两个月的时间，他被英格兰人紧追不舍，他们还用猎犬追踪他。他和他的追随者许多次都是绝处逢生。有一次，他不得不光着脚攀爬一些陡峭的岩石。还有一次，要不是布鲁斯及时听到敌人靠近的声音，他所有的同伴都会被俘虏。他和他的人靠打猎和捕鱼为生。

然而，许多英勇的爱国者加入了他们的队伍，不久，布鲁斯拥有了一小支队伍。他向英格兰人发动了 5 次进攻，5 次都铩羽而归。最后一次失败后，他逃离苏格兰，在爱尔兰北海岸一个离岛上简陋的茅屋中避难。他孤身一人在这里待了整个冬天。

三

据说，有一天，正当情绪极度低落的时候，他看到一只蜘蛛试图在茅屋的两道梁上织一张网。这个小动物试图把一条蛛丝从一道梁拉到另一道梁上，但是失败了。它毫不泄气，尝试了 5 次都没有成功。

"蜘蛛失败了 5 次，"布鲁斯说，"这是英格兰打败我的次数。如果蜘蛛有勇气再次尝试，我也要尽力解放苏格兰！"

他观察着这只蜘蛛。它休息了一会儿，好像是为了积蓄力量，接着它把纤细的蛛丝拉向另一道梁。这一次，它成功了。

"感谢上帝！"布鲁斯大喊道，"这只蜘蛛已经给我上了一课。我不再灰心丧气了。"

正是这个时候，爱德华一世死了，他的儿子爱德华二世继承了英格兰的王位。在两年多的时间里，这位新国王无暇顾及苏格兰。

与此同时，布鲁斯几乎夺取了英格兰人控制的所有苏格兰城堡，苏格兰的贵族和首领都承认他为国王。

苏格兰人在班诺克本战役中

最后，爱德华二世率领 10 万军队进入苏格兰。1314 年 6 月 24 日，布鲁斯率领 3 万士兵在班诺克本与他相遭遇。

战斗打响之前，布鲁斯骑马沿着前线鼓励他的人奋勇杀敌。突然，一位叫亨利·德·波鸿的英格兰骑士从对面策马飞驰而来，试图用长矛把他刺倒。布鲁斯及时发现了面临的危险，用他的战斧飞快地一挥，就把那位骑士的头颅给劈开了。

苏格兰军队为他们领袖超群的武艺不停地呐喊，他们投入战斗，确信胜利将属于他们。他们带着满腔怒火冲向英格兰士兵，尽管以一敌三，还是彻底打败了他们。成千上万的英格兰人被杀死了，不计其数的人被俘获。

尽管这次遭受到了沉重的打击，但爱德华从不放弃他对苏格兰王位的拥有权。但是，他的儿子爱德华三世于 1328 年承认了苏格兰的独立地位，还承认了布鲁斯为她的国王。

第二十六章　马可·波罗

一

在圣路易率领他的最后一次十字军东征之前几年，意大利威尼斯诞生了一个名叫马可·波罗的男孩。他父亲是个富有的商人，常常到遥远的地方做生意。

1271 年，当时马可·波罗 17 岁，他跟随父亲和叔叔穿越圣地、波斯和鞑靼地方，最终到达中华帝国——当时被称作契丹（中国）。这趟旅程花费了他们三年的时间。

当时中国的皇帝是忽必烈（1215-1294 年，元朝开国皇帝），他生活在北京。

马可的父亲和叔叔之前曾经去过中国，他们向忽必烈讲述过欧洲的风俗和习惯，引起了忽必烈的兴趣。

因此，当两位威尼斯商人再次出现在北京的时候，忽必烈很高兴再次见到他们。他对年轻的马可极为满意，还邀请他去了王宫。

马可的父亲和叔叔在中国宫廷里被委以重任，因此，他们和马可在这个国家生活了一些年。马可很快就学会了中国的语言（蒙古语）。

在他 21 岁的时候，忽必烈因一件重要的事务而派遣他到中国一个很远的地方，他做得很好。从那时起，他常常被中国君主委任为外交官。他旅行的地方有时候从未被欧洲人造访过，在亚洲那些几乎不为人知的部落中间，他经历过许多奇异的冒险。一步一步地，他获得了提拔。没几年，他成为一座中国重要城市的地方官。

最终，他和他父亲、叔叔渴望返回威尼斯。他们都在忽必烈的朝廷内忠心耿耿地工作，忽必烈对此大为赏识，给了他们很多贵重的赏赐，但是，他不愿意让他们走。

正在讨论这件事的时候，波斯国王的一位大使到达北京。波斯国王渴望迎娶忽必烈的女儿阔阔真公主，已经派人请求她父亲准许。获准后，忽必烈装备了一支 14 艘船组成的舰队，运送送亲队伍前往波斯。

阔阔真公主是马可·波罗的一位很重要的朋友，她请求父亲准许他随同前往。最后，忽必烈同意了。马可的父亲和叔叔也获准同去，三位威尼斯人离开了中国。

载着送亲队伍的舰队向南朝着南中国海航行。这是一次持续时间长、充满险阻的航行。舰队在婆罗洲、苏门答腊岛、锡兰（即今天的斯里兰卡）和其他地方停泊过，直到进入波斯湾，公主才

威尼斯船只

算被安全送到。抵达波斯都城后，送亲队伍，包括三位威尼斯人，受到了波斯人数周的盛情款待，每个人都收到了珍贵的礼物。

最终，威尼斯人离开他们的朋友，去了黑海，从那里乘船前往威尼斯。

他们离家太久，外貌也发生了很大的变化，以至于抵达威尼斯的时候，亲戚朋友中没有一个能认出他们来的。由于他们穿着鞑靼人的服饰，有时还会彼此说些中国话，他们发现很难说服人们相信，他们就是波罗家族的成员。

后来，为了证实他们就是他们波罗家族的人，他们邀请所有的亲戚朋友吃了一顿晚餐。客人到达的时候，旅行者穿着用华丽的深红色绸缎做的中式长袍迎接了他们。第一道菜后，他们穿上了深红的锦缎示人；第二道菜后，他们将服饰换成了深红色的丝绒制品；然而，在晚餐的最后，他们穿上了富有的威尼斯人常穿的服装。

"现在，我的朋友们，"马可说，"我将会向你们展示点东西助助兴。"接着，他把三人抵达威尼斯时穿在身上的粗糙的鞑靼外套拿进房间去。割开线缝后，他从里面拿出了成排的小包，里面盛满了红宝石、绿宝石和钻石。这是有史以来在威尼斯见到的最为精美的宝石藏品。

客人们现在信服了，他们的主人的确是他们声称的那些人，即波罗家族成员。

二

马可·波罗出生前八百年，意大利北部的一些人先于阿提拉到达之前，逃进了亚德里亚海布满泥泞的岛上，并在那里创建了威尼斯。从那以后，这个小小的定居点逐渐变成欧洲最为富有和强大的城市。威尼斯是亚得里亚海的女王，她的商人就是王子。他们拥有把东方昂贵的商品运往他们码头的船只，拥有保护他们的货物不受地中海海盗掠夺的战船。他们可以进行战争。在马可·波罗从中国返回的时候，他们正同热那亚处于交战状态。

两座城市为争夺世界贸易的控制权进行战斗。在一场大规模的海战中，威尼斯人被彻底打败了。马可·波罗参与了战斗，同他的许多同胞一样，成为了俘虏。有一年的时间，他被羁押在一处热那亚的监狱中。他的一位狱友是个水平很高的书法家，马可把自己在中国、日本和其他东方国家的经历进行了口述。这份记述被仔细认真地记录下来，手稿的复制品流传至今，其中一份保存在巴黎的一家图书馆内，于1307年被带入法国；另一份保存在瑞士的伯尔尼。据说，这本书被翻译成许多种语言，以至于欧洲各个地方的人都了解马可的冒险经历。

这本书成书大约一百七十五年后，著名的热那亚人克里斯托弗·哥伦布（1451-1506年，探险家、殖民者、航海家，出生于中世纪的热那亚共和国，即今意大利西北部）计划着他穿越大西洋的航海活动。据认为，他读过马可对爪哇岛、苏门答腊岛和其他东印度群岛的描述，当他到达海地和古巴的时候，他认为自己到达的就是那些岛屿。因此，马可·波罗对哥伦布导致美洲被发现的航海活动可能有启发。

第二十七章 黑太子爱德华

一

中世纪最为著名的骑士之一为黑太子爱德华。之所以这么称呼他，是因为他在战斗中总是穿着一副黑色的盔甲。

黑太子是爱德华三世的儿子，其父爱德华于 1327—1377 年间是统治英格兰的国王。在他父亲进行的与法国的战争中，他作为一名战士，为自己赢得了声誉。

你还记得，英格兰早期的国王，从征服者威廉时代起，便在法国拥有领地了。亨利二世，就是威廉的外孙，他是诺曼底公爵以及布列塔尼（半岛）和其他省份的领主。自从他娶了阿基坦（在法国西南部）的埃莉诺（1122-1204 年）后，她便把那个省份带给了他。

亨利的儿子约翰除了阿基坦的部分领土之外，失去了他作为英国国王在法兰西的所有的属地，爱德华三世继承了阿基坦的这部分土地。因此，瓦卢瓦的腓力成为法国国王的时候，爱德华成为英格兰国王已经一年多了，爱德华不得不对腓力宣誓效忠。

作为英格兰的国王，还得向法国国王宣誓效忠——在腓力面前下跪并亲吻他的一只脚——是爱德华不喜欢做的事情。他认为，这样做有失体面，正如他的祖先罗洛被告知他必须亲吻查理国王的一只脚时所认为的那样。

因此，爱德华试图说服法兰西的贵族，他本人按照法律应该成为法国的国王而不只是一位诸侯。瓦卢瓦的腓力只是已故国王查理四世的表弟，爱德华却是他姐姐的儿子。但是，法国有一部稀奇古怪的古老法律，被称作《萨利克继承法》，其中规定，禁止女儿继承土地。这条法律排除了爱德华的继承权，因为他的继承权源自他的母亲。然而，他决心通过武力赢得法国王位。

一个与腓力反目的机会来了。另一位腓力的封臣站出来反对他，爱德华为叛乱提供了帮助。他希望借此来削弱腓力，以便更加容易制服他。

腓力立刻宣布，爱德华在法兰西的属地被剥夺了。

接着，爱德华招募了一支 3 万人的军队，以此侵入法国。

黑太子当时只有 16 岁，但是，他已经在战斗中展示了他有多么勇敢，他的父亲让他指挥一个师的军队。

成千上万的法国军队在腓力国王的率领下急忙从巴黎前去抗击英国军队。1346 年 8 月 26 日，双方在克雷西村展开了激烈的战斗。

在战斗中，黑太子指挥的那个英格兰师不得不承受整个法国军队的进攻。黑太子作战勇猛，治军有方，以至于在一座小山顶的风车处瞭望战场的国王爱德华派人送信，表扬了他的英勇行为。

黑太子的人一次又一次地以极其漂亮的方式把法兰西军队赶了回去。但是，最终，他们在一次非常激烈的冲锋之下眼看就要顶不住了，沃里克伯爵赶到爱德华面前，建议他给黑太子增派援军。

"是我的儿子死了，还是从马上摔下来了，抑或受了重伤，而不能独自应对？"国王问。

"都没有，陛下，"对方回答，"但是，他正在遭受严重的压制。"

"请回到你的岗位，只要我的儿子还活着，就不要再过来为他求援，"国王说，"让这个孩子向我们证实他是一位真正的骑士，为自己建功立业吧。"

伯爵找到了黑太子，告诉他他父亲刚才说过的话。"我会证明自己是一位真正的骑士，"王子大喊，"我父亲是对的。我不需要援军。我的人只要有力气站着，就能守住他们的岗位。"

然后，他骑马来到战斗进行得凶猛而惨烈的地方，鼓励他的人。法国国王率领他的军队对王子的战线发动了许多次的进攻，但是，都未能突破它，最后，他被迫后退了。

战斗越来越对法军不利，虽然他们在数量上占有绝对的优势。最终，有4万法国士兵战死沙场，几乎所有的剩余人员都被俘虏。

腓力放弃战斗，逃跑了。

在那些站在法国军队一边参与克雷西战斗的人中就有波西米亚的盲国王，他总是在自己的头盔上佩戴三根白色的羽毛。当战斗达到高潮的时候，这位盲国王让他的跟随者领着他进入了战斗最惨烈的地方，他对他看不见的敌人给予重重的打击，直至他因受到致命的创伤而倒下。那三根白色的羽毛被黑太子从他的头盔上给拔下，从此之后，他一直都把它们佩戴在自己身上。

直到他停下战斗的时候，爱德华国王才骑马到战场上与他相见。"太子，"当黑太子与他打招呼的时候，他说，"你是法兰西人的征服者。"国王把身体转向聚在他周围的士兵，高喊："欢呼吧，为了黑太子！欢呼吧，为了此次战斗的英雄！"

黑太子站在波西米亚盲国王遗体的旁边

战场上响起的欢呼声多么壮观啊！黑太子的名字响彻云霄。

这次战斗后不久，爱德华国王包围了法国北部的城市加来。但是，这座城市对他的进攻抵抗了十二个月。在包围期间，黑太子给他的父亲以极大的援助。

占领加来后，双方协定停战七年，爱德华的军队起航返回英格兰。

二

1355 年，爱德华再次向法国人宣战。黑太子带领 6 万军队侵入法国。他夺取了富裕的城镇，聚敛了大量的战利品。正当他准备移师巴黎的时候，法国国王召集起一支大军，向他发起了反击。

黑太子的人因病减员得很厉害，致使他到达普瓦捷这座城市的时候，还剩下大约 1 万人。突然，在城市附近，他遭遇到了一支大约 5.5 万人的法国军队，他们装备精良，由国王亲自指挥。

当黑太子看到法国军队长长的队伍正在平原上向他开过来的时候，大喊："上帝助我！"

1356 年 9 月 14 日清晨，战斗打响了。英国人在数量上明显处于劣势，但是他们下定决心，寸土必争，纵使还剩 100 人，也要战斗到底，决不投降。在几个小时内，他们承受住了法兰西军队的进攻。最后，一队英格兰骑兵向法国战线的一部发动猛烈冲锋，与此同时，黑太子进攻了另一部。

　　这种出其不意的举动在法国军队中造成了混乱，许多人逃离战场。当黑太子注意到这种情况后，他对他的人高喊："前进，英格兰的旗帜，以上帝和圣乔治的名义！"他的军队奋勇向前，法国的军队被打败了。成千上万的人成为俘虏，包括法国国王和他的很多贵族。

　　国王被送到英格兰，在那里受到了最具善意的招待。一段时间以后，为了庆祝普瓦捷一战的胜利，人们在伦敦举行了一场壮观的游行，法国国王被允许在游行中骑上一匹白色骏马，然而，黑太子只在旁边骑着一匹矮种马。

　　黑太子于 1376 年去世。他受到了英格兰人诚挚的哀悼。他们认为自己失去了一位可以成为伟大和优秀国王的王子。

第二十八章　威廉·退尔和阿诺德·冯·温克里德

一

　　阿尔卑斯山脉的边缘，瑞士的心脏地带，有三个地区，或者行政区，正如它们被人们这么称呼的，它们以"森林州"而为人所熟知，在世界历史上也很著名。大约两千年前，罗马人在这些行政区发现了一个强悍的山地民族，他们虽然贫穷，却是自由人，并以他们的独立而自豪。他们成为罗马的朋友和盟友，这些行政区在很多年内都是罗马帝国的一部分，但是，人民一直有权选举他们的官员及自治。

　　当哥特人、汪达尔人和匈奴人从莱茵河和多瑙河以外的地方过来，蹂躏罗马帝国的时候，这三个行政区并没有受到侵扰。这里土壤贫瘠，岩石密布，无法吸引那些以夺取欧洲富饶的平原和山谷为目的的人们。一个世纪又一个世纪，这些地区的山地人一直用他们古老又简单的方式继续生存着，不受外界的干扰。

　　在莱茵河谷的一处行政区生活着哈布斯堡家族，它的领袖们最后都变得非常富有和强大。他们成为奥地利公爵，一些还被选为德意志皇帝。阿尔伯特一世是这个家族中的一位，他声称，森林州的土地都为他所有。他派遣一位总督和一队士兵前往那些地区，让人们服从他的权威。

在其中的一个森林州，居住着一位著名的山地人，名叫威廉·退尔。他身材高大，体格健壮。在整个瑞士，没有人能在山上比他的腿脚更敏捷或者在箭术上比他更高超。他下定决心要抵抗奥地利人。

山地人举行了秘密会议，所有人都发誓，要齐心协力为他们的自由而战。但是，他们没有武器，他们只是普通的牧羊人，从未接受过像样的军事训练。他们要做的第一件事就是在不引起奥地利人注意的情况下得到武器。他们花费了将近一年的时间才准备好长矛、剑和战斧，并把它们分发给山地人。最后，这件事完成了，万事俱备，只欠东风。所有人都等待着起义的信号。

退尔射中放在他儿子头上的苹果

　　故事告诉我们，就在这个时候，残忍的暴君、奥地利总督盖斯勒在阿尔托夫村市场内的一个高杆上挂了一顶帽子，强迫所有从这里经过的人在它前面鞠躬。退尔领着他的小儿子，碰巧从市场上穿过。他因拒绝在帽子前面行鞠躬礼而被逮捕。盖斯勒提出，如果他愿意用箭射放在他儿子头上的一颗苹果的话，就会放了他。总督厌恶退尔，他这样做就是希望山地人的手会发抖，从而亲手射杀自己的儿子。据说，退尔把他儿子头上的苹果射落了，但是，盖斯勒仍然拒绝释放他。那天夜里，正当退尔被押送着穿越一片湖区的时候，一场暴风雨发生了。其间，他从船上一跃，跳向一块悬伸的岩石，逃脱了。据说，他杀死了那个暴君。一些人不相信这种说法。但是，瑞士人相信，如果你哪天去卢塞恩湖，他们会向你展示退尔从船上跳跃落脚的那块岩石。

退尔一跃

　　那天夜里，传递信号的篝火在每座山上都被点了起来，到黎明的时候，阿尔托夫村站满了勇敢的山地人，他们全副武装，准备为他们的自由而战。一场战斗随后发生，奥地利人被打败并被赶出了阿尔托夫。这次胜利后，他们又取得了其他的胜利。

　　几年后，公爵自己率领一支大军前来，决心征服山地人。途中，他不得不通过一条羊肠小道，两侧的山石非常陡峭。瑞士人正盼着他来，他们沿着小道旁的制高点隐藏起来，奥地利人一从小道上出现，他们就抛下岩石和树干。许多人被砸死或者砸伤。奥地利军队被打败了，公爵被迫承认了森林州的独立。

这就是瑞士共和国的开端。经过一段时间，其他五个行政区为了自由通过签署一份条约而加入了它们。

二

大约七十年后，奥地利重新尝试征服那些爱国者。他们集合起一支规模庞大的军队，向山区挺进。瑞士人立即把自己武装起来，在一处被称作森帕赫的地方与奥地利人相遇。当时，火药还没有发明出来，人们用长矛、剑和战斧战斗。奥地利士兵肩并肩，每个人手中都持一把长矛，用矛头指向身前。瑞士人手持短剑和矛，对他们来说，靠近奥地利人是不可能的。一段时间，他们似乎没有获胜的希望了，但是，在瑞士人中，有一个来自其中一个森林州的勇士，他的名字叫阿诺德·冯·温克里德。当他观看了奥地利长矛竖起来的矛头的时候，他明白，他的战友没有机会获胜，除非在奥地利的矛头阵上打开一道缺口。他决心打开那道缺口，即使牺牲自己的生命也在所不惜。他尽可能地张开双臂，冲向了奥地利人的战阵，用双臂抓住尽可能多的长矛。

"为自由开路！"他大喊——
接着跑起来，把双臂张得大大的，
仿佛要拥抱他最亲爱的朋友；
他一下子就抓住十根长矛。
"为自由开路！"他大喊——
它们锋利的矛头交叉在一起，
他躬身站在中间，犹如一棵树，
像这样，为自由开路。

温克里德浑身被刺穿，倒地而亡，但是，他在奥地利人的战阵中撕开了一道缺口，瑞士的爱国者冲进这个缺口，获得了胜利，为他们的家园赢得了自由。

"为自由开路"

第二十九章 跛子帖木儿

一

帖木儿是中亚一个蒙古部落首领的儿子。他的真名叫"Timour"，因为他在战斗中受伤致残，成了跛子，年轻的时候，人们通常称他为跛子帖木儿。他出生于1336年，生活的时代与英国国王爱德华三世相当，当时，黑太子赢得了他对法国人的胜利。他是著名的鞑靼军事家成吉思汗的后代，他的这位祖先征服了波斯、中国和其他亚洲国家。

24岁的时候，帖木儿成为他部落的首领，几年后，他使自己成为整个蒙古族的首领。

帖木儿

他身材高大，力大无比，不苟言笑。尽管右腿有点跛，但他可以骑着烈马飞奔，做一个真正的军人所做的任何事情。他像狮子一样勇猛和残忍。

他选择突厥斯坦的萨马尔罕古城作为他的都城。在这里，他修建了一座漂亮的大理石王宫，过着极为奢华的生活。

在他享受了一段时间作为蒙古人领袖的荣誉之后，便开始渴望进一步的征服。他决心使自己成为中亚所有国家的主人。

"既然天上只有唯一的神，"他说，"地上也应该只有一个主人。"

因此，他从王国的各个地方召集起一支庞大的军队，他的臣民几个星期来一直忙于备战。终于，他指挥着一支声势浩大的军队，向波斯进军。在赢得了几次辉煌的胜利之后，他迫使波斯国王从他的都城逃跑了。

属于波斯的所有的富裕地方，从底格里斯河到幼发拉底河流域，都宣布对蒙古征服者效忠。

帖木儿通过举办持续一周的盛大活动，来庆祝他对波斯的征服。接着，他下令进军北部强大的鞑靼帝国。在那里，帖木儿战胜了他们的主要首领，使他们成为他的封臣。在追赶鞑靼人的过程中，他进入了俄罗斯，洗劫并焚烧了一些俄罗斯的城市。然而，他没有继续侵入这个国家，而是掉头转向了印度。

最终，他的军队站在了德里城的门前，经过激烈的进攻，迫使它投降。印度的其他城市也被夺取，帖木儿的权威在那个国家大范围地树立起来。

二

奥斯曼苏丹巴耶济德（生于 1354 年前后，1389-1402 年在位）决心阻止帖木儿向东进军。

这条消息传到了征服者的耳朵里。他离开印度，前去寻找苏丹决战。巴耶济德是位著名的武士。他在行军打仗中以快出名，人称"雷霆"。

帖木儿进入苏丹的领土，对它们实施破坏。他袭击了巴格达，占领那个地方后，杀死了数千的居民。

最后，两位对手和他们的军队面对面相遇。一场大战爆发了。战斗持续了四五个小时，接着，奥斯曼的军队被完全打败。巴耶济德被俘虏。

帖木儿下令做了一个巨大的铁笼子，迫使苏丹钻进去。这位俘虏被锁在笼中的铁栏上，然后被送到蒙古士兵中展示，一路被他们嘲笑、奚落。

随着军队从一个地方转移到另一个地方，笼中的苏丹也被不停地向各个地方的人们展示。这位战败的君主还要忍受这种侮辱性的惩罚多长时间，只有天知道。

帖木儿的领土已经包括亚洲的大部分了，随后，他撤回在萨马尔罕的王宫，几周内都沉浸在庆祝活动中。

他是一个不能长久离开战场的人，因此，他决心入侵中华帝国。他率领一支由 20 万人组成的庞大军队，离开撒马尔罕，开始向中国进军。1405 年 2 月，在离开撒马尔罕 300 英里后，他病倒了，不久就去世了。他的军队因此而解散，他所有关于侵略中国的想法都灰飞烟灭。

就这样，中世纪最伟大的征服者之一离开了人世。他是一位天才的军事家，但却不能被称作一位真正的伟人。他的庞大帝国在他死后，便迅速地分崩离析了。自他以后，亚洲的那个地方再也没有出现像他那样的领袖人物了。

第三十章　亨利五世

一

在英国历史上出现过的所有国王中，亨利五世可能是最受人民爱戴的一位。他们爱戴他，是因为他英俊、勇武，最重要的是他征服了法国。

年轻时代，哈尔王子——人们对他的称呼——拥有很多快乐的同伴，他们有时会因为恶作剧而使自己深陷麻烦。一次，其中的一位遭到逮捕，被带到王国首席法官面前。

哈尔王子很不高兴，因为判决对他的同伴不利，他拔出佩剑，威胁这位法官。有鉴于此，法官勇敢地让人把王子抓捕起来，投入监狱。

哈尔王子态度很好地服从了惩罚，据记载，他父亲为此说："作为君主，能有如此公正的法官和乐于遵守法律的儿子，我感到很高兴。"

哈尔王子的同伴之一是位又胖又老的骑士，叫作约翰·福斯塔夫爵士。有一次，福斯塔夫吹牛说，他同另外三个人一起打败并几乎杀掉了两个身穿粗布套装的人，因为这两个人攻击并试图打劫他们。王子由着他说，让他有机会尽可能地往大里去吹，直到最后，福斯塔夫发誓，当时有至少100个强盗，他自己以一敌五十。然后哈尔王子告诉同伴，只有两个人攻击福斯塔夫和他的朋友，他和另一个在场的就是那两个人。他说，福斯塔夫不仅没有奋勇反抗，还飞快地跑掉了，只恨他母亲没有为他多生两条腿。

哈尔王子这个人亦庄亦谐。当他父亲去世，自己继承王位时，便告诉他那些野性十足的同伴，他无忧无虑、无管无束的日子一去不复返了，他勉励他们将来可以过上更好的日子。

作为亨利五世，哈尔王子凭借同法国的战争让自己在英国的历史上留下了英名。

国王亨利五世训诫他先前的同伴

你知道的，诺曼底以前属于亨利的祖先"征服者威廉"。这个地方已经于1203年被法国国王腓力·奥古斯都从英国国王约翰手中夺回。

加冕后不久，亨利即向法国国王要求，诺曼底应该归还给他，他像曾祖父爱德华三世一样，对法国王位提出要求，根据法律，他应该是法国国王。

当然，法国国王是不会承认这一点的。亨利因此招集一支 3 万人的军队，侵入法国。

在进攻法国之前，他严令自己的军队不得伤害平民百姓，也不得从未参与战斗的人的私宅或农场带走任何物品。

亨利登陆后，他的军队中爆发了瘟疫，士兵的数量锐减至 1.5 万人左右。当时，却有五六万法国士兵驻扎在阿金库尔的旷野上，对这支劣弱的军队虎视眈眈。

局势对亨利极为不利。战斗打响前的夜晚，一位军官说，他希望数千正在他们英格兰的家中安静睡觉的英勇士兵可以同国王待在一起。

"我不需要再增加一兵一卒，"亨利说，"如果上帝要让我们获胜，很清楚，我们享受了他的恩典。如若不然，我们的人数越少，英格兰遭受的损失就越少。"

人们从国王那里获得了勇气。英格兰弓箭手把箭密集地射向敌人的队伍。尽管法国人作战勇敢，但还是被彻底打垮了。1.1 万人永远地留在了战场上。在这些战死的人里面，有 100 多位法国贵族。

法国军队在阿金库尔战役中的冲锋

二

阿金库尔战役并不是亨利取得的最后一场胜利。他带领第二支4万人的军队挺进法国。一座又一座的城镇被攻克，最后，亨利和他的屡胜之师包围了鲁昂，这是当时法国规模最大也最富有的城市。

这座城市的防御工事非常坚固，亨利的军队奈何不了它，因此，他采取围而不攻的策略，想通过围困，逼其就范。他说："战争有三个辅助，即火攻、水淹和饥荒。我选择了三者中最为温和的一个——饥荒。"

他令人绕城挖掘了战壕，派士兵驻守其中，以防城里的市民从里面出来获取物资和防止乡下人携带物资入城。

大量农民听说英国军队向鲁昂进军的时候，逃离了他们的家园，在城中寻求庇护。包围实施六个月后，城中所剩粮食无几，守军指挥官命令这些穷人回到他们的家里去。

1.2万人被送到了城外，但是，亨利不允许他们通过他的防线，因此，他们便在法国的城墙和英国的战壕之间活活饿死了。

随着冬天的到来，城里市民的遭遇愈加悲惨。最后，他们决心放火烧了这座城市，再打开城门，跟英国人做殊死搏斗。

亨利希望保留这座城市，为此，他提出了相当宽大的投降条款，人们都接受了。不仅鲁昂，整个诺曼底，在法国人拥有了二百年后，又被迫向亨利宣誓效忠。

战争持续大约两年多，英国人占领了法国的大片领土，以至于在圣诞节这天，亨利耀武扬威地进入了巴黎。

但是，说来奇怪，那位被他反击和战败的国王，在他骑马穿过街道的时候，便坐在他的旁边。这意味着什么呢？它意味着法国人已经被亨利的诸多胜利吓得魂飞魄散，以至于所有的人——国王和人民——都心甘情愿地满足他的一切要求。双方达成协议，其中规定：由于国王虚弱，亨利应该成为法国的摄政王；国王去世后，亨利可以继承法国的王位。

在协议中，法国国王还同意把自己的女儿凯瑟琳公主嫁给亨利——她成为英国国王亨利六世的母亲。

英国国王成为法兰西国王的条款从未付诸实施，因为，协议签署不满两年，这位伟大征服者的统治便走到了尽头。亨利去世了。

在他儿子统治期间，所有他获取法国领土的努力都无果而终。在亨利六世 20 岁的时候，你会在圣女贞德的故事中读到，除了加来这一座城市外，通过多年的战争赢得的东西都得而复失。

第三十一章　圣女贞德

一

在法国和英国之间的长期战争中，即使黑太子抑或亨利五世，其英名也无法与年轻的法国农家女贞德相提并论。

贞德出生在法国的一个小村庄栋雷米村。她父亲常常告诉她法国的可悲状况——这个国家如何在很大程度上受制于英国，法国国王如何不敢加冕。

因此，这种思想早早地就在她的脑海中生根发芽。"我多么同情我的祖国啊！"她对这件事如此关心，以致逐渐看见天使的幻象和听到一些奇怪的声音，它告诉她："贞德，你能把这片土地从英国人手中解救出来。去救查理国王吧。"

最后，这些神奇的幻觉和声音使得

贞德的幻象

这位年轻的姑娘相信，她负有上帝的使命，她决心拯救法国。

当她把自己的意图说给父母听的时候，他们试图说服她天使的幻象和传达神圣使命的声音不过是梦幻罢了。"我告诉你，贞德，"她父亲说，"这是你的幻觉。你最好找个善良的丈夫来照顾你，用你的头脑做点事吧。"

"父亲，我必须听从上帝的安排，因为这不是我的意志，"她回答，"母亲，与坐在您的旁边做针线活相比，我更愿意参加战争。我的使命不是梦幻。我知道我被上帝选中，来实现他的意志，任何东西都无法阻止我去他派给我的地方。"

村里的牧师，她年轻的同伴，甚至是城镇的统治者都试图阻止她，但是，一切都是徒劳的。

她对总督说："我必须做上帝为我安排的工作。"

渐渐地，人们开始相信她的使命。最后，所有人都停止劝阻她，一些有钱人还资助她前往希农城，法国国王查理七世就住在那里。

二

当贞德到达希农的时候，一支法国军队正准备开往法国南部，去为被英国人包围的奥尔良解围。

查理国王和蔼地接见了贞德，聚精会神地听她陈述自己的想法。这个女孩讲起来很谦卑，但是却具有一种她所做的一切都是正确的平静信念。

"仁慈的国王，"她说，"我叫贞德。上帝派我来拯救法国。您不久就会在兰斯大教堂接受加冕。我将率领您将要派去的为奥尔良解围的军队。所以，我已经受到过上帝的指导，在我的引领下，胜利必将属于我们。"

国王和贵族认真地讨论了这件事，最后，他们决定允许贞德率领一支 5000 人左右的军队去抗击包围奥尔良的英国人。

当她于 1429 年 4 月带领队伍离开希农的时候，才 18 岁。她登上一匹雄壮的战马，全身穿着一套白色的盔甲，骑马走过欢呼的人群。据说，"看起来像在天国，而不像是在凡间。"她一只手拿着一把从一位圣徒的墓地附近找到的古剑，另一只手擎着一面白色的上面绣着百合花的军旗。

贞德夺取奥尔良城

靠近她的粗鲁的士兵改掉了他们平时的脏话连篇和不文明行为，小心谨慎地护卫着她。当她谈论自己的幻象的时候，她用勇气和信念鼓舞着整支队伍。

赶到被包围的奥尔良后，她无所畏惧地骑马绕城而走，观察地形，这让英国士兵都很吃惊。尽管有英国军队的竭力阻击，她还是进入了奥尔良城。

　　她用乐观、自信的话语唤起了这座城市的斗志，接着她率领士兵向前，给英国人以重大打击。他们取得出人意料的成功。英国人的要塞一个接一个地被夺过来。

　　在率领军队进攻剩下的最坚固的堡垒的时候，贞德受了一点轻伤，她被带离战场，接受治疗。然而她的士兵开始撤退。"等等，"她命令道，"先吃饭喝水，休息一下。我一恢复，就会用我的军旗触墙，你们就可以进入要塞了。"几分钟后，她再次登上战马，骑着它快速地赶到要塞，用她的军旗触碰了它的壁垒。她的士兵几乎攻克了要塞。第二天，敌人的队伍被迫从城市前面撤退，围困终止。

　　法国士兵因胜利而欢欣鼓舞，他们称贞德为"奥尔良之女"。因为这个名字，她在历史上光芒四射。她的威名传遍四面八方，英国人和法国人都认为，她拥有异乎寻常的力量。

　　她率领法国人又打了好几仗，每一次，她都能获得胜利。

　　最后，英国人被赶到法国北部。接着，在贞德的敦促下，查理带着 1.2 万名士兵去了兰斯，在那里，举行了盛大的加冕仪式。在加冕过程中，贞德手持白色军旗，站在查理附近。

查理七世在兰斯加冕

　　仪式完成后，她跪在国王前面，说："啊，国王，上帝的意志已经贯彻，我的使命结束了！请让我回到父母的身边吧。"

　　但是，由于法国还没有完全从英国人手中解脱出来，国王劝她多待一些时间。贞德同意了，但是她说："我再也听不到上帝的声音，我感到害怕。"

　　随后，她参与了对勃艮第公爵军队的进攻，但却成为他的俘虏。公爵又以高价把贞德转卖到英国人手里，英国人则把她投入了鲁昂的监狱。她在监狱内被关押了一年，最终被指控为"妖术惑众"，然后被带上了审判台。他们说她受了魔鬼的驱使，她向法官宣称，针对她的指控毫无道理，她是无辜的，并说："我的所作所为都是在上帝的指引下完成的。魔鬼从未对我施加影响。"

绑在火刑柱上的贞德

　　对她的审判冗长又令人厌倦。最后，她被判在火刑柱上接受火刑。

　　在鲁昂的市场上，英国士兵把她捆绑在火刑柱上，在她身旁堆满柴火。

　　一名士兵将一枚粗糙的十字架放入她的手中，这是士兵用他手中携带的棍棒制成的。她感谢了他，将它放在胸前。接着，一位善良的牧师站在了火刑柱旁，为她读临终祈祷词，另一位登上了柴火，递给她一副耶稣受难像，她用双手抓在手里，吻了吻。当残忍的烈火熊熊燃烧的时候，这位品格高尚的姑娘说出"耶稣"这个词，然后就断气了。

她的雕像现在就竖立在她遭受火刑的地方。

在她生活的时代，在所有的男子里面，没有人做出的业绩比贞德更高尚了。从此以后，我们把她的生平故事放入中世纪伟人的传记中来，尽管她的身份只是一位普通的农家姑娘。

第三十二章　古腾堡

一

当圣女贞德忙于将法国从英国人手中拯救出来的时候，另一位卓越的工人正在德意志忙碌着。他就是约翰·古腾堡，出生在美因兹。

德国人和大部分其他人认为，他是活字印刷术的发明者。所以，在德累斯顿和美因兹两座城市，他的同乡为了纪念他而竖立起他的雕像。

古腾堡的父亲出生在一个良好的家庭。这个男孩很有可能接受过教育。但是，他学习用的书同我们的不一样，它们都是用手写成的，称呼它们为"手抄本"更加名副其实，因为，手抄本的意思就是手写的著作。

随着古腾堡逐渐成长，一种新型的书籍制作方法开始投入使用，它比用手复制要强出好多倍。这就是木刻印刷。印刷工人首先要切割一块与印刷的页码大小相同的硬木。然后，他再把那页上的每一个字都刻在这块硬木平滑的表面上。这项工作做起来要小心翼翼。接着，印刷工人必须把每个字母旁边多余的木料削去。这样，木板上就只剩下凸出来的字母，正如现在为盲人印刷的书籍上的字母一样。

木块准备就绪，可以使用了。木刻字母都刷上墨水，纸张被覆盖在上面，然后压实。

通过这样的木块，印刷工人可以批量地复制一本书，其速度比一个人可以书写的速度快许多。但是，制作这些木块需要耗费大量的时间，而且每块木块也只能印刷一页。

古腾堡喜欢读他父母和他们富有的朋友拥有的手抄本和木刻印刷本。他常常说，只有有钱人才能拥有书籍是很遗憾的。最后，他决心发明出一种容易又快捷的印刷方式。

他秘密地做了大量的工作，因为，他认为，他的邻居都不知道他在鼓捣什么是比较好的。

所以，他找了一处其他人都不可能找到他的作坊。他住在小城施特拉斯堡，那里有一处破败的老建筑物，很久以前，许多修道士在里面住过。其中有一间房子，只需要稍微修补修补就可以使用了。古腾堡得到了修补那间房子和将其用作自己的作坊的权利。

他的邻居都很好奇：他一大早离开家里，做什么去了？他晚上很晚才回来，去了哪里？一些人确信，他一定是个男巫，在某个地方同魔鬼碰面，让魔鬼帮他做一些奇怪的事情。

古腾堡在工作

　　古腾堡对人们的风言风语并不在意，在安静的房间里，他耐心地做着一个又一个的实验，继而又日复一日地常常感到伤心和气馁，因为他的实验没有成功。

　　最终，他花光了手里的积蓄，又回到自己位于美因兹的老房子里，在那里遇到一位名叫福斯特（或者浮士德）的富有金匠。

　　古腾堡告诉他是如何努力地在施特拉斯堡寻找一种可以廉价制作书籍的方法，他现在又是如何没有钱，实验难以为继的。福斯特对此非常感兴趣，他给了古腾堡需要的钱。但是，实验在最初的时候还是没有成功，福斯特失去了耐心。他同古腾堡发生争吵，说他除了花钱外，什么也没做。最终，他把古腾堡告上了法庭，法官做出了有利于福斯特的判决。因此，古腾堡在这个世界上拥有的一切东西，即使是他工作用的工具，都悉数成为福斯特的财产了。

二

古腾堡虽然丧失了自己的工具，却没有因此而丧失勇气。他也没有失去所有的朋友，其中一位很有钱，不仅为古腾堡买来一套新的工具，还为他租来一处作坊。现在，古腾堡的愿望得到了满足。

首先，据认为，他制作了硬木字母模，每个字母模都是一小片在尾端带着一个字母模的木块。这样的字母模比木刻强很多。木刻的字母是固定的，它们没法被彼此分开，只能作为一个整体来用。新的字母模是活动的。因此它们能够被设置好印刷一页，然后拆开，重新设置，重新印刷另一页。

但是，木质的字母模没法确保每次印刷的结果都很清晰，因此，古腾堡放弃了木质的字模，尝试做金属字模。不久，一本拉丁语的圣经就被印刷了出来。这是个两卷本的作品，每一卷有300页，每一页有42行字。每个字母都清晰可辨。它们是用金属做的活字印刷出来的。

三

荷兰人声称，尼德兰哈莱姆人洛伦兹·科斯特是第一个用活字印刷的人。他们说，一天，科斯特在离哈莱姆不远的山毛榉树林散步，他从其中的一棵树上砍下一块树皮，用刀子把它削成了字母。

　　此后不久，荷兰人说，科斯特制作出活字，并在哈莱姆印刷和出售书籍。

　　书籍是被古腾堡在美因兹印刷出来的消息传遍了整个欧洲，在他去世之前，像他发明的那种印刷机在欧洲大陆上所有的大城市里都在忙着印刷书籍。

　　在他去世后大约二十年，当时，威尼斯是欧洲城市中最为富有的。一位名叫阿尔达斯·马努蒂厄斯的人在那里创建了那个时候最为著名的出版社。他在哥伦布第一次航海之前两年，即开始印刷和出版书籍了。阿尔达斯的后人在他去世后，又继续从事这种工作有一百年左右。由他们印刷和出版的书籍都被叫作"阿尔定版（Aldine，或者叫作精装本）"，这种称呼源自阿尔达斯（Aldus）本人的名字。它们是有史以来出版社印刷发行的最为漂亮的图书。直到今天，它们仍然为人们推崇和珍视。

第三十三章　立王者沃里克

一

亨利五世去世后，以"立王者"著称的沃里克伯爵在许多年内都是英国最声名显赫的人物。他居住在一座宏伟的城堡中，拥有一座比大部分教堂塔尖还要高的塔。这个地方是世界上最为漂亮的住所之一，每年都会迎来数千名游客。立王者拥有一支 600 人的卫队。在他位于伦敦的房子里，需要为很多人准备食物，光一顿早餐就可以消费掉 6 头肥壮的公牛。他在英国的不同地方拥有 110 处房产，每天要为至少 3 万人提供食宿。他拥有伍斯特这一整座城市。此外，泽西、根西和奥尔德尼等三座岛屿也属于他，它们在我们这个时代因为牛群而出名。

他有一位亲近的表弟，两人亲如兄弟。他就是约克公爵理查，也是亨利五世的儿子亨利六世的堂弟。

一天傍晚，在太阳即将落山，看守正因为天黑准备关闭约克城门的时候，一阵响亮的号角声传了过来。声音来自南门附近城墙上的卫兵。一支武装队伍正在逼近。当他们临近大门的时候，他们绣有公猪图案的猩红色外套表明，他们就是沃里克伯爵的人。伯爵本人则在他们后面。大门打开了。

通过大门，来到城堡，伯爵和他的同伴不久都进入了坚固的石墙内。

"堂弟，"当他们在城堡中一间宽敞的房子内坐下，面前燃着一大堆柴火的时候，沃里克伯爵对约克公爵说，"英格兰无法长期忍受一位国王的治理不善，这个人有一半的时间都因间发性精神疾病而处于神经错乱之中。"

伯爵说的是实话。亨利六世会时不时地失去理智，约克公爵，或者其他贵族不得不替他管理王国事务。

沃里克伯爵补充道："你是王位的合法继承人。亨利六世对王位的权利来自爱德华三世的第四个儿子兰开斯特——你的权利来自次子莱昂内尔。他的权利只来自他父亲——你的权利却同时来自你的父亲和母亲。这是一次更好的对国王的要求，一种双倍的要求。"

"一点也不错，沃里克堂哥，"约克公爵回答，"但是，我们万万不能使英格兰陷入战争。"

"如果我们能左右得了，当然不会，"伯爵回答，"我们先请求进行改革。如果国王听从我们的请求，再好不过了。如若不然，我坚决要让约克表弟你坐上英格兰国王的宝座，而不是我们精神错乱的君主。"

不久，一项请求被草拟出来，签上字后，呈送给了亨利。其中提出要求，亨利应该做些事情来使人民感到满意。

国王对此毫不在意。接着，战争便爆发了。这是英国历史上曾经发生的持续时间最长也最为可怕的一场战争，它持续了三十年。

站在国王一方的那些人被称为兰开斯特派，因为亨利的祖先冈特的约翰正是兰开斯特公爵。理查的朋友被称作约克派，因为他是约克公爵。兰开斯特派用一朵红玫瑰做他们的徽章，约克派用的则是白玫瑰。基于这个原因，这场长期的战争总是被称为"红白玫瑰战争（或者蔷薇战争）"。

在第一场重要的战役中，红玫瑰派被打败了，国王本人也成为俘虏。

获胜者认为，约克公爵应该立刻成为国王。然而，人们召开了一次国会来裁决这个问题，经过协商认为：亨利只要还活着，就应该做国王，但是，他去世后，王位可以传给约克公爵。

二

大部分人认为，这是一项明智的安排。但是，亨利的妻子玛格丽特王后却一点也不喜欢这种安排，因为，这剥夺了她儿子在他父亲去世后继承王位的权利。因此，她去了苏格兰和英格兰北部，她在那里有很多朋友，并招集起一支军队。

她是一位勇敢的女人，率领着她的军队参加战斗，并获得胜利。约克公爵被杀死，王后令人把他的头砍掉，嘲弄般地将它放在一张纸质的王冠上，然后又把它悬挂在约克的城门前。

沃里克以最快的速度再次进攻王后，但是，她再次获胜，还从沃里克手中救回了她的丈夫——国王亨利六世，因为此前他被沃里克伯爵俘虏了。

这对玛格丽特来说，是一次重大的胜利，因为亨利再次成为国王。

但是，人民仍然不满意。约克派坚决认为，老约克公爵的儿子爱德华应该成为国王。因此，几千人的队伍会合到白玫瑰的旗帜之下，沃里克以首领身份率领他们进军伦敦。

王后认为她的安全会受到威胁，便离开了伦敦。立王者携胜利之师进入伦敦。

市民们都很喜欢老约克公爵，当他那一派宣告他年轻英俊的儿子为国王爱德华四世（生于 1442 年，1461-1483 年在位）的时候，整座城市内都回荡着"上帝拯救爱德华国王"的高喊声。

勇敢的玛格丽特王后在另一场战争中被彻底打败。相传，此后她带着年轻的儿子逃进了

玛格丽特将儿子托付给强盗

一片树林。在那里，他们遇到一位强盗，但是，具有非凡勇气的玛格丽特对他说："我是你的王后，这位是你的王子。我把他托付给你了。"

那个人对她表现出来的信任很是高兴。他把她和年轻的王子带到一处安全的藏身之地，协助他们乘坐一艘帆船逃离英国。

三

爱德华四世看似可以高枕无忧地登上王位了。但是，麻烦正在临近。沃里克希望他能听从自己的建议。爱德华认为，他不听从任何建议就可以行事。于是，国王和立王者之间发生了争吵，最后演变成公开的敌人，接着是战场上的兵戎相见。斗争的结果是，沃里克被打败，被赶出了这个国家。他航行穿过英吉利海峡，到法国寻求庇护。

在那里，他遇上了自己的宿敌玛格丽特王后。她先是在战斗中打败他，砍掉了他的堂弟，也就是约克公爵的头；他又打败了她，把她从她的王国驱逐出去，他两次让她的丈夫成为俘虏，将他从王位上赶下来。尽管有之前的种种过节，但他们现在却因共同的目标成为可靠的朋友，立王者同意向爱德华宣战，恢复亨利的王位。

他向法国国王路易十一寻求帮助，路易国王为他提供了军队和金钱。此后，立王者就率领着一支法国军队在英国海岸登陆了。

几千个厌倦了爱德华统治的英国人加入沃里克的麾下，到达伦敦的时候，他的军队已经增加到 6 万人。

爱德华没等到开战就逃跑了，他乘坐一艘帆船逃往荷兰。立王者现在所向披靡，如入无人之境。伦敦的大门已经为他打开，市民们衷心地欢迎他的归来。他前往伦敦塔，把老国王带出来，再次把他扶到国王的宝座上。

尽管爱德华逃跑了，他却毫不气馁。他效仿立王者的做法，向外国朋友寻求援助。勃艮第公爵同意供给他金钱和士兵，于是，不久他就率领救兵返回了英国。

他的军队每天都在发展壮大。过去，人民对爱德华是很不满的，很乐意把他除掉，拥立亨利为国王，因为，亨利虽然不聪明，但他是善良的。但是，不久，他们发现，英格兰需要的国王不仅要善良，还要有能力才行。

因此，当爱德华和他的勃艮第士兵登陆后，大部分英国人都对他们持欢迎态度。立王者现在成为错误的一方。

爱德华在一处叫做巴尼特的地方同他在战场上相遇，彻底击败了他。沃里克被杀，亨利再次成为俘虏。

在另一场战斗中，玛格丽特和她的儿子双双成为俘虏。她的儿子在爱德华国王面前被残忍杀害。玛格丽特被置于伦敦塔，亨利国王在图克斯伯里战役之后不久便去世了，他极有可能被爱德华给毒死了。

1483 年，在统治二十二年后，爱德华去世了。他有两个儿子，均尚未成年，因此，爱德华的弟弟格洛斯特公爵理查成为摄政王，直到年轻的爱德华五世（1470-约1483年）——两个孩子中的年长者，长大成人。

但是，理查想自己成为国王。因此，他先是把两位年轻的王子置于伦敦塔里，然后又雇用暴徒谋杀他们。一天晚上，在两位王子熟睡的时候，谋杀者用枕头将二人闷死，把他们的遗体埋藏在伦敦塔一处楼梯的脚下，许多年后，他们的骨骸才被发现。

理查谋杀了他的两个侄子，自己加冕称王，即理查三世，他很高兴，因为他的计划进展得非常顺利。他认为，现在不会有人再对王位提出要求了。但是，他错了。还真有个人对王位提出了要求。他就是里士满伯爵亨利·都铎（即亨利七世，生于1457年，1485-1509年在位）。亨利的父亲埃德蒙·都铎不过是一位威尔士绅士，只是通过母亲凯瑟琳王后而成为亨利六世的同母异父兄弟。亨利的母亲是爱德华三世的第四个儿子冈特的约翰的后裔，如此一来，通过他的母亲，他拥有了皇室血脉，成为一名兰开斯特族人。

在理查三世因他的邪恶和残忍使得所有英国人都憎恨他的时候，红玫瑰派聚集在了亨利·都铎的身边，招集起一支军队，在博斯沃思战役中与国王开战。

理查虽然是个坏蛋，但是他很勇猛，打起仗来就像一头雄狮。然而，一切都是徒劳的。他战败被杀，尸体被扔到一匹马背上，驮至战场附近的一处教堂埋葬。

关在伦敦塔里的两位王子

那顶理查戴过的破旧的王冠被捡了起来，放在了亨利的头上，整个兰开斯特派的人都高喊："亨利国王万岁！"

国会投票表决，亨利·都铎和他的继承人应该成为英国国王。此后不久，亨利娶了约克家族的女继承人，这样，红玫瑰和白玫瑰双方都感到满意，因为国王是兰开斯特族人，王后是个约克族人。就这样，漫长而又可怕的玫瑰战争终于结束了。